I0566733

BESTACTIVITYBOOKS.COM

PREMIERE ÉDITION

Dépôt légal, 2022

Illustration Graphique Extra: www.freepik.com
Merci à Alekksall, Starline, Pch.vector, Rawpixel.com, Vectorpocket, Dgim-studio, Upklyak, Macrovector, Stockgiu, Pikisuperstar & Freepik.com Designers

5 ASTUCES POUR DÉMARRER !

1) COMMENT RÉSOUDRE LES MOTS MÊLÉS

Les puzzles sont dans un format classique :

- Les mots sont cachés sans espaces, tirets, ...
- Orientation : Les mots peuvent être écrits en avant, en arrière, vers le haut, vers le bas ou en diagonale (ils peuvent être inversés).
- Les mots peuvent se chevaucher ou se croiser.

2) UN APPRENTISSAGE ACTIF

Un espace est prévu à côté de chaque mots pour noter la traduction. Pour favoriser un apprentissage actif un **DICTIONNAIRE** à la fin de cette édition vous permettra de vérifier et étendre vos connaissances. Cherchez et notez les traductions, trouvez-les dans le Puzzle et ajoutez-les à votre vocabulaire !

3) MARQUEZ LES MOTS

Vous pouvez inventer votre propre système de marquage. Peut-être en utilisez-vous déjà un ? Sinon, vous pourriez, par exemple, marquer les mots qui ont été difficiles à trouver d'une croix, ceux que vous avez aimés d'une étoile, les mots nouveaux d'un triangle, les mots rares d'un diamant, etc...

4) STRUCTUREZ VOTRE APPRENTISSAGE

Cette édition vous offre un **CARNET DE NOTES** très pratique à la fin du livre. En vacances ou en voyage ou à la maison, vous pouvez facilement organiser vos nouvelles connaissances sans avoir besoin d'un second bloc-notes !

5) VOUS AVEZ FINI TOUTES LES GRILLES ?

Allez à la section bonus **CHALLENGE FINAL** pour trouver un jeu gratuit à la fin de cette édition !

Simple et Rapide ! Découvrez notre collection de livres d'activités pour votre prochain moment de détente et **d'apprentissage**, à juste un clic de distance !

Trouvez votre prochain défi sur :

BestActivityBooks.com/MonProchainLivre

À vos marques, prêts... Partez !

Saviez-vous qu'il existe environ 7 000 langues différentes dans le monde ? Les mots sont précieux.

Nous aimons les langues et avons travaillé dur pour créer les livres de la plus haute qualité pour vous. Nos ingrédients ?

Une sélection des thématiques d'apprentissage adaptée, trois belles parts de divertissement, puis nous ajoutons une cuillère de mots difficiles et une pincée de mots rares. Nous les servons avec soin et un maximum de plaisir pour vous permettre de résoudre les meilleurs jeux de mots mêlés qui soient et d'apprendre en vous amusant !

Votre avis est essentiel. Vous pouvez participer activement au succès de ce livre en nous laissant un commentaire. Nous aimerions vraiment savoir ce que vous avez préféré dans cette édition !

Voici un lien rapide qui vous mènera à la page d'évaluation de vos commandes :

BestBooksActivity.com/Avis50

Merci pour votre aide et amusez-vous bien !

De la part de toute l'équipe

1 - Adjectifs #2

M	X	H	J	E	V	X	V	Q	L	T	S	P	K	Y
A	R	Q	D	L	I	V	W	B	B	S	A	F	A	G
G	I	L	R	U	T	A	N	E	B	E	L	I	N	Y
T	L	O	T	S	A	M	N	R	Ø	T	T	R	S	P
F	W	F	W	T	E	B	G	Ø	Z	Z	E	B	V	G
U	M	J	U	Q	R	L	Y	M	I	R	T	Y	A	Q
L	V	A	K	R	K	Q	W	T	N	Y	E	F	R	C
D	B	E	S	K	R	I	V	E	N	D	E	N	L	J
E	E	L	I	R	R	X	N	Y	G	X	Q	A	I	I
C	L	G	T	R	H	Æ	S	U	N	D	W	P	G	M
C	E	Q	N	K	S	I	T	A	M	A	R	D	L	O
F	G	P	E	J	H	R	M	S	G	I	F	T	E	T
M	A	D	T	P	R	O	D	U	K	T	I	V	B	A
J	N	Y	U	Y	J	E	A	W	G	M	Q	A	F	B
Q	T	N	A	S	S	E	R	E	T	N	I	G	H	J

AUTENTISK
BERØMT
KREATIV
BESKRIVENDE
GIFTET
DRAMATISK
ELEGANT
STOLT
STÆRK
INTERESSANT
NATURLIG
NY
PRODUKTIV
MAGTFULDE
REN
ANSVARLIG
SUND
SALTET
VILD
TØR

2 - Formes

B	F	I	R	K	A	N	T	H	J	Ø	R	N	E	P
D	U	W	N	A	U	Y	E	O	S	Z	D	L	V	O
C	J	E	R	Æ	F	S	K	E	G	L	E	S	R	L
O	A	D	E	K	T	M	I	G	Y	U	B	S	U	Y
W	S	I	D	E	A	E	F	U	N	V	W	S	K	G
F	B	P	N	S	L	N	R	Q	F	T	V	S	N	O
M	U	Z	I	P	O	B	T	N	A	K	E	R	T	N
D	E	R	L	I	B	R	B	E	I	J	M	N	B	Z
J	V	B	Y	L	R	R	Y	J	R	N	C	R	N	N
Z	Z	A	C	L	E	F	G	N	L	I	G	Z	P	J
O	V	A	L	E	P	P	R	I	S	M	E	U	T	A
X	A	K	O	I	Y	P	B	L	R	J	E	Z	J	F
J	Z	L	P	M	H	R	E	K	T	A	N	G	E	L
Q	Q	R	W	J	C	I	R	K	E	L	H	L	K	U
S	U	Z	L	Q	Y	J	P	Y	R	A	M	I	D	E

BUE
KANTER
FIRKANT
CIRKEL
HJØRNE
KURVE
KEGLE
SIDE
TERNING
CYLINDER
ELLIPSE
HYPERBOLA
LINJE
OVAL
POLYGON
PRISME
PYRAMIDE
REKTANGEL
SFÆRE
TREKANT

3 - Force et Gravité

J	T	R	Y	K	E	M	S	I	T	E	N	G	A	M
F	I	N	W	R	Z	Y	O	H	H	E	R	J	U	U
D	D	E	C	E	Q	Z	K	M	S	Z	H	G	C	N
V	A	P	K	D	A	E	S	L	E	D	I	V	D	U
Z	Æ	A	U	S	C	M	I	P	M	N	Q	O	B	G
U	O	G	K	L	E	E	M	L	M	A	T	X	V	P
F	N	K	T	Ø	N	K	A	A	O	T	S	U	M	O
Q	Y	I	C	B	T	A	N	N	D	S	I	H	M	R
I	Z	S	V	H	E	N	Y	E	N	F	U	W	R	P
A	Z	Y	F	E	R	I	D	T	E	A	A	O	R	D
E	B	F	U	K	R	K	T	E	J	T	K	R	E	T
A	U	C	N	Q	T	S	H	R	E	H	S	V	T	R
Z	S	H	X	Y	R	W	E	J	W	G	E	K	Z	Y
F	R	I	K	T	I	O	N	L	S	S	I	A	K	K
T	T	U	I	K	A	B	E	V	Æ	G	E	L	S	E

AKSE
CENTER
AFSTAND
DYNAMISK
UDVIDELSE
MOMENTUM
FRIKTION
MAGNETISME
MEKANIK

BEVÆGELSE
KREDSLØB
FYSIK
PLANETER
VÆGT
TRYK
EJENDOMME
TID
UNIVERSEL

4 - Adjectifs #1

G	P	V	X	V	N	W	Z	I	L	G	K	L	N	E
C	Y	S	Ø	I	T	I	B	M	A	I	S	A	Y	Y
N	M	S	S	K	V	U	H	K	R	D	I	N	T	G
A	P	E	R	Y	Y	D	N	U	Y	L	R	G	T	R
B	O	W	D	U	N	G	E	G	A	Y	E	S	I	M
S	Z	P	N	N	Z	C	E	H	B	K	N	O	G	A
O	B	X	Y	G	E	N	E	R	Ø	S	T	M	V	J
L	A	Z	T	F	T	K	U	M	S	U	S	I	B	P
U	G	N	B	N	X	U	K	S	O	S	N	I	V	E
T	V	I	G	T	I	G	G	Æ	N	Y	U	U	D	R
A	R	O	M	A	T	I	S	K	R	X	K	D	R	F
I	D	E	N	T	I	S	K	S	I	T	O	S	K	E
Z	L	M	X	M	O	D	E	R	N	E	L	B	Y	K
A	U	D	I	O	Æ	R	L	I	G	U	X	I	Z	T
J	V	A	G	M	Z	T	S	N	D	B	P	C	T	B

ABSOLUT
AKTIV
AMBITIØS
AROMATISK
KUNSTNERISK
TILTRÆKKENDE
SMUK
EKSOTISK
GENERØS
ÆRLIG
IDENTISK
VIGTIG
USKYLDIG
UNGE
LANGSOM
TUNG
TYND
MODERNE
PERFEKT
NYTTIG

5 - Instruments de Musique

H	A	R	M	O	N	I	K	A	O	S	S	S	T	N
O	U	A	M	N	Z	X	R	B	E	U	A	E	A	P
X	R	V	D	K	A	K	D	T	K	I	X	G	M	K
B	I	A	Z	L	D	L	C	R	Q	B	O	U	B	D
M	A	P	N	A	E	Z	T	O	G	A	F	I	U	F
H	A	P	B	V	M	G	B	G	C	N	O	T	R	H
G	A	R	M	E	T	J	Ø	L	F	J	N	A	I	H
J	D	R	I	R	K	C	J	G	N	O	G	R	N	B
Z	T	L	P	M	P	E	R	K	U	S	S	I	O	N
E	Z	R	Z	E	B	O	B	O	S	Z	K	C	W	I
N	I	L	O	D	N	A	M	N	A	M	U	E	X	L
I	U	M	K	M	H	V	G	O	B	J	G	L	C	O
Q	S	D	E	I	P	D	Q	Y	C	M	L	L	G	I
T	R	O	M	M	E	E	F	J	L	G	O	O	C	V
R	M	T	R	F	M	D	T	E	N	I	R	A	L	K

BANJO
FAGOT
KLARINET
FLØJTE
GONG
GUITAR
HARMONIKA
HARPE
OBO
MANDOLIN
MARIMBA
PERKUSSION
KLAVER
SAXOFON
TROMME
TAMBURIN
BASUN
TROMPET
VIOLIN
CELLO

6 - Herboristerie

I	D	X	K	M	U	Y	J	R	S	N	P	A	C	L
X	K	U	R	U	Y	D	K	K	Z	S	E	R	G	A
T	S	M	O	L	B	N	R	A	J	N	R	O	A	V
T	I	M	I	A	N	O	T	W	M	E	S	M	V	E
U	R	G	R	Ø	N	R	E	E	L	I	I	A	N	N
D	A	O	T	B	G	F	H	S	I	D	L	T	L	D
V	N	X	K	H	U	F	A	I	T	E	L	I	I	E
F	I	Z	P	Z	G	A	M	S	R	R	E	S	G	L
E	L	M	U	A	Ø	S	W	I	O	G	A	K	H	I
N	U	J	E	B	L	N	Z	O	S	N	G	G	G	D
N	K	F	M	R	D	I	P	Z	M	I	P	Q	O	W
I	O	M	U	K	I	L	I	S	A	B	J	L	F	N
K	O	K	M	E	V	A	H	A	R	Y	D	J	O	E
E	C	U	D	A	H	F	N	N	I	W	A	S	G	O
L	K	V	A	L	I	T	E	T	N	R	D	Q	H	Q

HVIDLØG
AROMATISK
BASILIKUM
GAVNLIG
KULINARISK
ESTRAGON
FENNIKEL
BLOMST
INGREDIENS
HAVE
LAVENDEL
MERIAN
MYNTE
PERSILLE
KVALITET
ROSMARIN
SAFFRON
SMAG
TIMIAN
GRØN

7 - Photographie

I	T	F	B	B	J	U	P	L	D	U	T	P	K	L
A	S	S	X	L	W	D	E	S	E	V	R	A	F	K
U	Q	M	L	Ø	Z	S	R	S	F	U	O	Z	H	O
Q	F	W	J	D	O	T	S	A	I	L	S	Q	H	G
K	C	U	M	G	B	I	P	M	N	U	C	I	H	O
M	O	G	M	Ø	J	L	E	M	I	G	M	X	V	I
N	X	N	X	R	E	L	K	E	T	A	M	R	O	F
I	Z	I	T	E	K	I	T	N	I	J	P	V	B	C
E	F	N	Æ	R	T	N	I	S	O	M	Ø	R	K	E
X	U	S	R	U	A	G	V	Æ	N	I	Y	E	L	M
R	O	Y	T	T	R	S	S	T	V	M	T	M	J	M
O	Y	L	R	S	E	M	T	N	V	A	P	N	S	A
L	L	E	O	K	M	T	G	I	S	D	U	E	L	R
D	O	B	P	E	A	I	S	N	J	V	I	C	F	D
T	V	G	J	T	K	R	E	G	G	Y	K	S	L	H

BLØDGØRE
RAMME
KAMERA
SAMMENSÆTNING
KONTRAST
FARVE
DEFINITION
UDSTILLING
BELYSNING
FORMAT
SORT
OBJEKT
MØRKE
SKYGGER
PERSPEKTIV
PORTRÆT
EMNE
TEKSTUR
VISUEL
UDSIGT

8 - Véhicules

A	S	P	B	P	U	S	H	V	P	B	X	Z	W	Y
S	M	H	R	D	N	Q	D	O	F	U	Z	K	H	B
C	S	B	U	C	V	W	J	U	D	S	R	V	T	R
O	U	X	U	T	S	B	A	E	K	D	L	E	P	T
O	F	N	B	L	T	M	O	T	O	R	H	A	P	V
T	Z	O	X	E	A	L	I	B	T	W	R	U	D	N
E	B	Å	D	K	D	N	E	R	A	T	E	K	A	R
R	S	P	H	Y	U	J	C	W	X	J	T	E	D	P
Y	J	G	Q	C	S	Y	R	E	A	C	P	G	O	T
U	B	Å	D	I	F	T	R	A	K	T	O	R	L	A
M	D	I	W	I	J	Z	X	O	Æ	V	K	Æ	L	B
T	Ø	M	M	E	R	F	L	Å	D	E	I	F	F	Z
C	A	M	P	I	N	G	V	O	G	N	L	P	L	J
L	A	S	T	B	I	L	D	G	F	L	E	V	I	Y
V	F	U	A	E	A	S	D	N	O	Q	H	G	M	U

AMBULANCE
FLY
BÅD
BUS
LASTBIL
CAMPINGVOGN
FÆRGE
RAKET
HELIKOPTER
MOTOR
SHUTTLE
DÆK
TØMMERFLÅDE
SCOOTER
UBÅD
TAXA
TRAKTOR
TOG
CYKEL
BIL

9 - Camping

I	Y	B	B	W	C	L	E	Z	R	P	O	A	E	U
N	Q	U	R	P	O	A	E	P	Q	J	W	X	V	D
S	Q	B	V	X	J	N	L	F	B	Y	M	M	E	S
E	A	D	A	A	A	T	L	E	T	H	U	T	N	T
K	V	H	K	Q	Z	E	A	W	E	U	Z	C	T	Y
T	N	S	Æ	H	J	R	C	J	A	G	T	S	Y	R
W	O	A	A	N	Y	N	G	D	M	Y	B	A	R	B
R	E	B	T	Q	G	E	J	L	U	Q	P	P	H	R
O	N	E	S	U	X	E	D	Y	R	I	F	M	U	A
U	I	W	K	O	R	V	K	K	O	R	T	O	X	N
H	B	X	O	N	A	K	B	Ø	S	G	C	K	U	D
S	A	U	V	S	C	W	V	T	J	M	U	P	G	W
E	K	N	E	P	B	J	E	R	G	E	R	E	K	J
N	T	R	V	O	M	B	D	A	R	V	C	B	Q	T
W	N	K	U	A	U	X	Y	R	G	A	M	Å	N	E

DYR
EVENTYR
KOMPAS
KABINE
KANO
KORT
HAT
JAGT
REB
UDSTYR
BRAND
SKOV
HÆNGEKØJE
INSEKT
SØ
LANTERNE
MÅNE
BJERG
NATUR
TELT

10 - Écologie

Z	O	F	C	F	A	N	K	T	D	X	N	T	P	I
M	A	R	I	N	E	R	O	A	F	L	A	S	L	R
R	G	E	J	D	S	A	T	T	A	F	T	T	A	M
A	T	N	U	M	O	K	L	I	M	A	U	B	N	A
F	K	O	R	V	M	E	T	B	X	A	R	X	T	N
F	L	R	E	V	E	S	L	A	B	O	L	G	E	G
R	D	O	C	R	P	L	H	H	F	D	I	I	R	F
I	Y	P	R	B	C	E	V	W	A	H	G	T	P	O
V	A	X	U	A	J	V	Z	O	U	A	I	G	S	L
I	C	N	O	J	O	E	S	G	N	K	W	Y	G	D
L	S	A	S	B	R	L	R	S	A	W	K	D	H	I
L	A	T	S	F	B	R	T	G	F	E	O	E	T	G
I	F	U	E	P	E	E	O	O	E	P	V	R	I	H
G	A	R	R	J	X	V	T	Ø	R	K	E	Æ	Q	E
E	D	U	X	Q	R	O	D	G	U	S	O	B	G	D

FRIVILLIGE
KLIMA
MANGFOLDIGHED
BÆREDYGTIG
ART
FAUNA
FLORA
GLOBAL
HABITAT

MOSE
MARINE
BJERGE
NATUR
NATURLIG
PLANTER
RESSOURCER
TØRKE
OVERLEVELSE

11 - Géométrie

B	M	L	N	M	E	D	I	A	N	X	E	B	V	B
D	Y	A	C	U	D	X	Q	S	I	Q	I	E	Z	C
J	E	K	S	L	M	Q	V	X	J	U	H	R	Z	O
J	P	E	L	S	V	M	M	I	W	W	R	E	T	V
C	F	P	E	H	E	L	E	K	R	I	C	G	E	E
T	R	E	K	A	N	T	V	R	Q	I	W	N	O	R
L	E	D	N	A	A	K	R	D	P	N	P	I	R	F
P	S	J	I	D	N	I	U	Q	A	O	B	N	I	L
A	Y	Ø	V	N	H	X	K	I	G	O	L	G	S	A
R	M	H	D	I	A	M	E	T	E	R	L	N	E	D
A	M	K	Q	S	V	B	J	M	W	Q	O	I	G	E
L	E	I	H	A	I	X	F	O	O	E	D	N	M	Y
L	T	L	C	I	S	N	Y	Y	K	G	R	G	E	I
E	R	C	M	T	U	J	M	S	N	Z	E	I	N	M
L	I	D	I	M	E	N	S	I	O	N	T	L	T	M

VINKEL
BEREGNING
CIRKEL
KURVE
DIAMETER
DIMENSION
LIGNING
HØJDE
LOGIK
MASSE
MEDIAN
NUMMER
PARALLEL
ANDEL
SEGMENT
OVERFLADE
SYMMETRI
TEORI
TREKANT
LODRET

12 - Les Médias

I	N	D	I	V	I	D	U	E	L	K	H	O	I	R
B	O	P	R	P	H	Y	G	U	A	B	O	N	N	A
I	I	D	Q	I	G	Z	A	D	T	G	L	L	D	D
L	T	E	P	X	S	N	L	G	I	N	D	I	U	I
L	A	A	T	K	A	F	E	A	G	I	N	N	S	O
E	K	X	V	Y	C	M	L	V	I	R	I	E	T	Y
D	I	N	X	I	M	Y	E	E	D	E	N	K	R	N
E	N	M	B	Q	S	W	I	M	P	I	G	Z	I	E
R	U	R	G	L	C	E	C	K	E	S	E	S	J	T
M	M	P	A	Q	Z	L	R	P	I	N	R	U	N	V
M	M	E	H	V	A	L	E	R	S	A	I	N	B	Æ
Y	O	Y	O	K	K	X	M	G	R	N	V	N	O	R
G	K	V	P	T	Z	W	M	Y	H	I	Z	B	G	K
L	O	K	A	L	D	Z	O	D	M	F	F	U	X	U
G	O	V	L	E	U	T	K	E	L	L	E	T	N	I

HOLDNINGER
KOMMERCIEL
KOMMUNIKATION
ONLINE
UDGAVE
FAKTA
FINANSIERING
INDIVIDUEL
INDUSTRI
INTELLEKTUEL
AVISER
LOKAL
DIGITAL
MENING
BILLEDER
RADIO
NETVÆRK

13 - Diplomatie

J	Y	O	E	D	J	E	B	R	A	M	A	S	K	I
N	V	C	R	M	I	B	O	R	G	E	R	E	O	N
R	O	K	D	X	E	S	G	U	B	E	X	D	N	T
U	Å	T	E	K	V	K	K	E	A	D	W	C	F	E
D	H	D	H	N	M	D	I	U	K	A	Y	Q	L	G
E	U	L	G	K	H	E	T	H	S	S	B	H	I	R
N	M	Ø	I	I	U	H	E	R	S	S	E	X	K	I
L	A	S	D	T	V	R	V	E	E	A	I	S	T	T
A	N	N	R	I	E	E	D	G	L	B	Y	O	A	E
N	I	I	Æ	L	Y	K	R	E	L	M	P	I	N	T
D	T	N	F	O	S	K	E	R	Æ	A	A	D	A	W
S	Æ	G	T	P	I	I	J	I	F	C	I	V	I	C
K	R	T	E	S	T	S	V	N	J	F	N	T	N	N
Z	U	K	R	F	K	A	D	G	F	P	P	S	E	V
A	M	B	A	S	S	A	D	Ø	R	E	Q	Y	B	I

AMBASSADE
AMBASSADØR
BORGERE
CIVIC
FÆLLESSKAB
KONFLIKT
RÅDGIVER
SAMARBEJDE
DISKUSSION
ETIK
UDENLANDSK
REGERING
HUMANITÆR
INTEGRITET
RETFÆRDIGHED
POLITIK
SIKKERHED
LØSNING

14 - Astronomie

Z	S	A	K	R	Q	S	Y	X	C	Z	H	M	M	N
L	G	S	O	K	O	S	M	O	S	O	W	Å	U	E
Y	A	T	N	J	F	W	L	P	B	M	X	N	I	B
C	L	R	S	R	E	V	I	N	U	E	E	E	R	U
R	A	O	T	E	N	A	L	P	D	I	S	M	O	L
A	K	N	E	G	A	S	T	R	O	N	A	U	T	A
K	S	O	L	A	S	T	E	R	O	I	D	E	A	E
E	E	M	L	P	C	S	W	H	H	I	A	N	V	Q
T	D	O	A	Z	B	F	T	Y	F	P	B	K	R	U
S	O	H	T	N	R	D	D	R	V	K	P	E	E	I
O	B	A	I	B	M	Z	D	V	Å	N	U	D	S	N
L	P	F	O	M	E	T	E	O	R	L	J	F	B	O
L	T	S	N	H	I	M	M	E	L	J	I	O	O	X
S	U	P	E	R	N	O	V	A	F	M	R	N	R	L
F	O	R	M	Ø	R	K	E	L	S	E	Q	X	G	D

ASTEROIDE
ASTRONAUT
ASTRONOM
HIMMEL
KONSTELLATION
KOSMOS
FORMØRKELSE
EQUINOX
RAKET
GALAKSE
MÅNE
METEOR
NEBULA
OBSERVATORIUM
PLANET
STRÅLING
SOL
SUPERNOVA
JORD
UNIVERS

15 - Physique

K	A	V	L	F	U	A	W	M	H	J	N	Y	F	H
D	X	B	Z	C	R	N	X	U	G	N	I	E	O	L
K	C	L	G	K	O	E	I	F	M	M	P	W	R	S
J	I	V	Z	O	T	O	K	V	V	U	P	K	M	P
H	Q	P	Z	J	O	X	N	V	E	G	A	S	E	A
E	S	S	A	M	M	O	T	A	E	R	X	I	L	A
M	U	D	V	I	D	E	L	S	E	N	S	M	Q	N
S	O	T	Æ	T	H	E	D	O	A	Y	S	E	S	O
I	S	L	E	K	I	T	R	A	P	O	P	K	L	R
T	Q	G	E	T	F	A	R	K	E	D	G	N	Y	T
E	T	T	S	K	I	N	A	K	E	M	I	S	P	K
N	Z	Y	K	Z	Y	A	L	V	N	X	P	F	N	E
G	M	R	P	J	Q	L	C	R	W	L	Q	S	L	L
A	E	G	X	O	B	C	E	U	P	P	A	A	Q	E
M	A	C	C	E	L	E	R	A	T	I	O	N	Y	R

ACCELERATION
ATOM
KAOS
KEMISK
TÆTHED
UDVIDELSE
ELEKTRON
FORMEL
FREKVENS
GAS
TYNGDEKRAFT
MAGNETISME
MASSE
MEKANIK
MOLEKYLE
MOTOR
PARTIKEL
UNIVERSEL

16 - Types de Cheveux

L	W	I	X	D	U	P	G	P	H	B	S	N	X	K
N	Y	V	Q	P	E	U	M	N	X	K	K	W	F	R
X	S	T	B	C	V	I	H	Y	H	W	I	Q	T	Ø
S	K	A	L	D	E	T	S	G	R	Å	N	Z	J	L
W	V	Y	N	N	R	R	Z	U	I	G	N	A	L	L
I	R	D	T	O	X	O	E	S	N	Y	E	G	T	E
M	T	B	E	L	K	K	Q	O	Q	D	N	Y	T	R
Z	U	Ø	V	B	L	Ø	D	R	Ø	T	D	P	E	L
C	H	L	R	E	K	G	D	T	P	E	E	W	T	E
C	K	G	A	P	R	E	D	L	K	H	J	T	T	F
H	Y	E	F	A	Ø	N	J	N	D	G	Q	W	E	V
A	V	T	Q	B	L	S	Ø	L	V	D	T	Z	L	J
O	F	I	T	M	L	X	W	F	P	U	T	F	F	R
X	R	E	D	J	E	J	Y	E	I	D	A	W	Z	P
A	K	E	V	B	T	J	B	R	U	N	G	J	P	O

SØLV
HVID
BLOND
KRØLLER
SKINNENDE
SKALDET
FARVET
KORT
BLØD
TYK

KRØLLET
GRÅ
LANG
BRUN
TYND
SORT
BØLGET
SUND
TØR
FLETTET

17 - Archéologie

T	R	M	Q	R	Y	K	A	R	Q	I	C	A	X	S
R	E	Y	X	O	L	N	N	K	B	F	P	N	Z	B
E	T	M	U	S	Q	O	A	S	O	E	S	T	N	R
P	K	P	P	S	R	G	L	Y	Z	B	B	I	V	M
S	E	M	A	E	W	L	Y	G	R	K	G	K	O	Y
K	J	G	R	F	L	E	S	I	L	P	K	K	I	S
E	B	Æ	O	O	U	R	E	Z	X	E	I	E	U	T
E	O	R	F	R	E	K	S	R	O	F	M	N	K	E
L	C	A	H	P	G	R	A	V	T	D	A	T	E	R
E	V	A	L	U	E	R	I	N	G	J	R	C	N	I
T	H	U	Y	D	L	O	H	A	L	I	E	E	D	U
F	O	S	S	I	L	E	R	U	B	L	K	Q	T	M
X	M	A	D	I	F	X	V	R	F	B	G	F	L	N
A	R	J	E	H	M	V	W	N	Z	W	S	G	D	V
E	F	T	E	R	K	O	M	M	E	R	Z	P	A	M

ANALYSE
ANTIKKEN
FORSKER
EFTERKOMMER
EKSPERT
ÆRA
HOLD
EVALUERING
FOSSIL
UKENDT
MYSTERIUM
OBJEKTER
KNOGLER
GLEMT
KERAMIK
PROFESSOR
LEVN
TEMPEL
GRAV

18 - Mammifères

G	D	E	K	L	W	Q	M	F	O	V	R	E	U	N
Q	C	L	Z	Ø	V	H	S	T	U	I	I	K	R	F
U	H	Q	Z	V	X	V	V	T	K	I	C	I	S	Z
L	Q	N	L	E	B	Y	Æ	A	L	L	I	R	O	G
E	L	E	F	A	N	T	R	K	L	Y	D	E	L	G
K	J	Q	K	W	T	L	G	T	A	S	M	G	H	T
X	V	E	F	K	O	E	B	T	K	W	S	I	B	O
V	L	R	P	E	Z	W	F	A	R	I	G	T	N	R
E	U	R	U	G	N	Æ	K	Å	A	Y	V	Z	D	Z
D	E	L	F	I	N	Y	A	K	R	S	G	P	G	E
N	I	M	O	R	C	U	N	O	T	S	E	H	G	B
U	R	O	Z	L	Z	D	I	P	Y	N	B	R	H	R
H	Æ	Z	U	U	L	V	N	U	R	L	A	P	Æ	A
I	R	L	B	E	O	X	U	J	Y	A	D	S	E	B
C	P	H	G	A	K	R	V	S	L	H	S	T	M	X

HVAL
KAT
HEST
HUND
PRÆRIEULV
DELFIN
ELEFANT
GIRAF
GORILLA
KÆNGURU
KANIN
LØVE
ULV
FÅR
BÆRE
RÆV
ABE
TYR
TIGER
ZEBRA

19 - Chocolat

T	A	A	L	U	Y	B	F	P	R	E	S	F	Q	J
J	R	J	R	Æ	G	H	A	A	Y	U	M	T	N	O
K	D	A	Y	W	K	L	I	U	V	L	A	L	U	R
F	O	F	N	G	H	K	M	Y	A	O	G	L	V	D
S	L	I	K	G	G	R	E	S	N	A	R	Y	A	N
K	V	A	L	I	T	E	T	R	T	C	E	I	H	Ø
K	F	M	U	M	X	T	C	K	I	A	I	W	T	D
A	Q	O	G	E	X	T	H	E	O	C	R	P	F	D
R	Y	R	E	D	D	I	Y	S	X	S	O	U	I	E
A	Y	A	M	W	I	B	K	Z	I	U	L	L	R	R
M	K	O	K	O	S	N	Ø	D	D	K	A	V	K	V
E	V	V	F	B	U	C	D	Ø	A	K	K	E	S	P
L	N	Y	X	Q	G	F	U	S	N	E	J	R	P	P
E	K	S	O	T	I	S	K	G	T	R	S	W	O	T
A	G	B	X	I	N	G	R	E	D	I	E	N	S	O

BITTER
ANTIOXIDANT
AROMA
SLIK
JORDNØDDER
CACAO
KALORIER
KARAMEL
LÆKKER
SØD
TRANG
EKSOTISK
FAVORIT
SMAG
INGREDIENS
KOKOSNØD
PULVER
KVALITET
OPSKRIFT
SUKKER

20 - Mathématiques

T	M	Q	R	L	T	T	C	O	P	A	D	D	P	S
R	T	T	N	A	K	R	I	F	A	B	W	I	O	Y
E	N	X	K	M	D	C	Z	W	R	D	P	V	L	M
K	E	E	U	I	B	I	E	M	A	R	I	I	Y	M
A	N	U	O	C	Y	R	U	U	L	V	K	S	G	E
N	O	R	H	E	R	Z	Ø	S	L	O	I	I	O	T
T	P	E	L	D	A	T	Z	K	E	V	T	O	N	R
G	S	Z	Z	Q	J	V	S	C	L	I	E	N	Y	I
Y	K	D	I	A	M	E	T	E	R	N	M	U	V	Z
G	E	O	M	E	T	R	I	Q	E	K	T	H	Z	C
R	E	K	T	A	N	G	E	L	F	L	I	I	T	N
L	I	G	N	I	N	G	C	S	D	E	R	K	M	O
S	F	Æ	R	E	T	P	D	T	O	R	A	C	B	R
C	P	A	R	A	L	L	E	L	O	G	R	A	M	Y
K	T	N	M	Q	H	C	F	D	Q	W	G	M	S	S

VINKLER
ARITMETIK
FIRKANT
OMKREDS
DECIMAL
DIAMETER
DIVISION
EKSPONENT
LIGNING
BRØK
GEOMETRI
PARALLEL
PARALLELOGRAM
POLYGON
RADIUS
REKTANGEL
SUM
SFÆRE
SYMMETRI
TREKANT

21 - Mythologie

J	M	R	Y	Z	V	C	I	C	U	N	Y	R	F	M
L	A	V	B	S	Æ	S	A	G	N	E	D	R	O	T
A	A	L	H	E	S	L	E	B	A	K	S	U	V	G
B	D	H	O	M	E	F	O	R	T	S	A	T	A	K
Y	F	Æ	S	U	N	C	P	H	L	T	D	D	L	D
R	Æ	V	P	I	S	I	W	M	S	D	K	V	U	Ø
I	R	N	L	O	K	I	N	F	A	Q	H	Y	Y	D
N	D	V	P	X	R	A	R	D	X	G	L	I	O	E
T	V	D	R	L	I	R	A	J	M	J	I	D	M	L
H	M	F	I	D	G	K	M	W	T	R	O	S	S	I
B	Z	Z	N	Y	E	E	R	Y	H	U	L	U	K	G
Z	V	L	V	Y	R	T	T	M	H	X	Y	N	D	J
S	T	Y	R	K	E	Y	V	L	K	U	L	T	U	R
F	A	T	X	G	E	P	N	Y	E	D	S	E	P	I
S	P	W	E	U	U	E	B	N	Y	H	Y	K	S	L

ARKETYPE
KATASTROFE
ADFÆRD
SKABELSE
VÆSEN
TRO
KULTUR
LYN
STYRKE
KRIGER
HELT
JALOUSI
LABYRINT
SAGN
MAGISK
UHYRE
DØDELIG
TORDEN
HÆVN

22 - Restaurant #2

K	P	J	M	D	U	H	P	H	W	U	P	I	C	S
Z	R	E	R	I	R	E	L	D	U	N	I	N	R	R
N	E	Y	Y	R	D	I	O	B	F	Q	Y	A	E	K
V	K	B	D	Y	J	D	K	T	I	L	J	K	G	J
J	K	J	V	D	Æ	G	A	S	S	D	J	F	A	G
W	Æ	J	O	T	E	V	A	G	K	A	J	I	S	A
B	L	X	T	G	U	R	F	R	O	K	O	S	T	F
O	S	K	X	L	P	R	I	U	I	D	R	K	N	F
T	J	E	N	E	R	E	N	E	V	S	Z	A	Ø	E
A	V	A	N	D	S	A	L	T	R	K	E	G	R	L
L	O	T	S	S	V	J	G	L	C	E	Y	E	G	P
A	O	I	B	U	V	T	Q	Q	V	L	T	F	R	O
S	W	H	B	P	X	T	X	I	J	S	T	S	S	U
I	X	W	P	P	F	T	X	X	D	A	R	N	B	D
G	D	L	H	E	G	X	J	V	C	B	A	S	D	N

DRIK
STOL
SKE
FROKOST
LÆKKER
MIDDAG
VAND
KRYDDERIER
GAFFEL
FRUGT
KAGE
IS
GRØNTSAGER
NUDLER
ÆG
FISK
SALAT
SALT
TJENEREN
SUPPE

23 - Beauté

E	G	S	S	K	L	A	S	R	T	F	U	D	P	F
P	L	I	T	O	Æ	Y	P	F	A	R	V	E	C	C
G	N	Q	Y	S	B	H	E	P	L	E	L	D	N	E
V	D	B	L	M	E	M	J	U	G	L	M	Å	U	S
C	A	I	I	E	S	V	L	N	X	L	B	N	J	H
V	H	A	S	T	T	K	E	C	Q	Ø	O	N	D	M
E	C	A	T	I	I	S	K	A	S	R	E	I	L	O
E	V	E	R	K	F	H	R	W	N	K	L	J	J	A
Q	L	X	J	M	T	A	E	L	E	G	A	N	C	E
L	K	E	A	P	E	M	H	Z	H	G	R	E	S	B
V	Q	G	G	T	G	P	R	R	Y	W	A	G	G	T
S	T	N	S	A	V	O	U	O	I	W	C	O	B	M
I	N	S	V	X	N	O	G	X	S	U	S	T	Y	J
M	A	K	E	U	P	T	D	A	D	S	A	O	M	E
P	R	O	D	U	K	T	E	R	C	C	M	F	E	Q

KRØLLER
CHARME
SAKS
KOSMETIK
FARVE
ELEGANCE
ELEGANT
NÅDE
OLIER
GLAT

MAKEUP
MASCARA
SPEJL
DUFT
HUD
FOTOGEN
PRODUKTER
LÆBESTIFT
SHAMPOO
STYLIST

24 - Avions

M	G	U	T	F	R	J	P	H	N	Y	O	B	O	L
K	O	Z	A	K	Z	U	L	A	I	G	E	Q	T	A
O	W	T	N	I	R	B	O	F	S	M	V	K	K	N
N	A	O	O	S	H	N	O	I	V	S	M	E	C	D
S	A	L	Y	R	Y	T	N	E	V	E	A	E	I	I
T	T	I	B	E	S	W	R	D	C	K	B	G	L	N
R	M	P	V	L	W	Q	E	J	N	J	R	N	E	G
U	O	M	B	L	Q	W	T	Ø	L	H	Æ	I	I	R
K	S	S	A	E	M	R	N	H	A	B	N	N	R	D
T	F	G	K	P	N	B	I	N	C	A	D	M	O	C
I	Æ	M	S	O	W	U	N	Y	X	L	S	A	T	J
O	R	Z	D	R	D	J	G	L	Z	L	T	T	S	X
N	E	Q	N	P	F	L	M	J	P	O	O	S	I	J
B	D	N	A	V	I	G	E	R	E	N	F	F	H	O
M	F	Q	M	L	U	F	T	U	E	P	J	A	P	Q

LUFT
ATMOSFÆRE
LANDING
EVENTYR
BALLON
BRÆNDSTOF
HIMMEL
KONSTRUKTION
AFSTAMNING
RETNING
MANDSKAB
HØJDE
PROPELLER
HISTORIE
BRINT
MOTOR
NAVIGERE
PASSAGER
PILOT

25 - Aventure

A	N	L	F	R	D	H	T	Z	T	W	G	R	G	U
S	A	Q	A	E	R	D	E	H	G	I	L	U	M	S
I	V	C	R	J	E	G	T	I	U	X	Æ	T	M	Æ
K	I	H	L	S	J	E	I	Z	L	P	D	A	Y	D
K	G	A	I	E	S	E	V	H	F	N	E	N	H	V
E	A	N	G	P	E	M	I	A	D	X	L	M	N	A
R	T	C	N	L	R	K	T	S	U	Z	O	O	R	N
H	I	E	L	A	L	A	K	N	K	R	A	Z	E	L
E	O	B	A	N	H	O	A	C	Y	Ø	I	V	S	I
D	N	D	E	H	G	I	L	E	K	S	N	A	V	G
T	A	P	P	E	R	H	E	D	Y	P	S	H	F	E
N	F	X	W	N	O	I	T	A	N	I	T	S	E	D
F	O	R	B	E	R	E	D	E	L	S	E	U	X	D
O	V	E	R	R	A	S	K	E	N	D	E	V	S	L
E	N	T	U	S	I	A	S	M	E	N	Z	B	N	R

AKTIVITET
SKØNHED
TAPPERHED
CHANCE
FARLIG
DESTINATION
VANSKELIGHED
ENTUSIASME
UDFLUGT
USÆDVANLIG
REJSEPLAN
GLÆDE
NATUR
NAVIGATION
NY
MULIGHED
FORBEREDELSE
SIKKERHED
OVERRASKENDE
REJSER

26 - Ville

S	M	L	N	V	A	H	T	F	U	L	B	G	B	B
P	U	F	N	M	V	P	N	O	H	E	I	A	O	A
P	E	P	D	R	T	N	O	G	L	T	B	L	G	G
Z	T	K	E	M	O	K	L	T	A	O	L	L	H	E
O	R	U	K	R	U	B	A	D	E	H	I	E	A	R
O	N	S	R	F	M	S	S	Q	H	K	O	R	N	I
L	M	C	A	M	Q	A	E	M	Q	N	T	I	D	F
T	U	H	M	G	T	W	R	U	R	A	E	G	E	O
S	T	A	D	I	O	N	M	K	M	B	K	A	L	K
T	E	A	T	E	R	Y	E	I	E	S	K	O	L	E
Y	V	C	X	Y	L	T	A	N	O	D	F	X	W	J
T	E	T	I	S	R	E	V	I	N	U	Z	E	U	H
I	J	D	Z	Z	F	F	P	L	U	E	I	F	M	S
B	I	O	G	R	A	F	X	K	B	G	R	K	A	K
R	E	S	T	A	U	R	A	N	T	R	M	D	T	K

LUFTHAVN
BANK
BIBLIOTEK
BAGERI
BIOGRAF
KLINIK
SKOLE
GALLERI
HOTEL
BOGHANDEL
MARKED
MUSEUM
APOTEK
RESTAURANT
SALON
STADION
SUPERMARKED
TEATER
UNIVERSITET
ZOO

27 - Ingénierie

S	T	A	B	I	L	I	T	E	T	V	Z	B	B	M
D	I	A	G	R	A	M	C	T	Q	Æ	W	E	O	A
R	E	T	E	M	A	I	D	Q	G	S	S	R	I	S
F	O	C	A	K	S	Y	V	X	M	K	C	E	M	K
W	R	T	M	K	M	O	T	O	R	E	L	G	Å	I
V	Q	E	A	T	S	W	B	Z	O	G	I	N	L	N
O	Y	A	M	T	A	E	L	Z	S	N	G	I	I	E
E	D	G	T	D	I	G	R	E	N	E	E	N	N	T
X	X	R	E	C	R	O	J	P	X	F	A	G	G	G
D	I	E	S	E	L	I	N	A	E	K	R	Y	T	S
M	H	P	A	Z	E	M	F	Y	I	W	R	N	R	K
S	N	O	I	T	K	U	R	T	S	N	O	K	V	C
M	Q	K	H	X	N	D	Y	B	D	E	S	K	A	C
D	R	B	N	O	I	T	U	B	I	R	T	S	I	D
K	T	M	V	R	V	S	T	R	U	K	T	U	R	A

VINKEL
AKSE
BEREGNING
KONSTRUKTION
DIAGRAM
DIAMETER
DIESEL
DISTRIBUTION
GEAR
ENERGI
STYRKE
VÆSKE
MASKINE
MÅLING
MOTOR
DYBDE
FREMDRIFT
ROTATION
STABILITET
STRUKTUR

28 - Énergie

M	N	V	X	A	A	G	M	N	H	P	I	U	E	V
R	I	P	O	R	T	N	E	I	U	F	L	H	L	W
Y	R	L	X	U	D	W	G	W	K	H	M	R	E	Q
K	T	E	J	F	O	T	O	N	T	Y	A	A	K	G
F	S	S	P	Ø	T	C	Q	S	K	H	J	B	T	T
O	U	E	M	R	A	V	U	Y	C	Q	J	Q	R	F
R	D	I	F	O	T	S	L	U	K	D	N	F	I	O
U	N	D	O	B	Q	U	F	R	E	X	E	X	S	R
R	I	N	T	C	N	O	R	T	K	E	L	E	K	N
E	R	I	S	O	I	K	O	B	L	T	U	E	M	Y
N	E	V	D	N	Z	J	T	N	I	R	B	Q	P	E
I	T	J	N	A	N	C	O	O	X	N	M	S	B	L
N	T	A	Æ	D	E	V	M	I	S	R	E	O	G	I
G	A	N	R	D	B	O	B	A	K	P	E	L	E	G
W	B	F	B	H	B	A	A	L	N	E	L	A	Q	L

BATTERI
KULSTOF
BRÆNDSTOF
VARME
DIESEL
ENTROPI
MILJØ
BENZIN
ELEKTRISK
ELEKTRON
BRINT
INDUSTRI
MOTOR
FOTON
FORURENING
FORNYELIG
SOL
TURBINE
VIND

29 - Cuisine

R	E	I	R	E	D	D	Y	R	K	O	K	K	T	U
S	V	A	M	P	E	U	V	W	Ø	P	K	E	A	K
F	G	T	H	Z	R	C	F	A	L	S	I	D	O	R
G	O	S	Y	F	Q	J	W	B	E	K	Y	E	S	F
L	A	R	E	E	K	S	K	A	S	R	F	L	K	Z
K	U	F	K	E	V	F	M	E	K	I	R	G	Å	I
M	P	O	L	L	I	R	G	K	A	F	Y	S	L	Q
J	L	S	A	E	Æ	H	V	K	B	T	S	J	O	V
H	C	L	E	M	R	D	T	U	A	V	E	P	E	G
G	P	E	K	S	Q	A	E	R	B	N	R	K	G	G
Y	E	V	I	N	K	M	N	K	P	V	D	M	D	Y
S	P	I	S	E	P	I	N	D	E	O	N	E	U	C
K	O	P	P	E	R	K	Y	I	H	N	M	O	S	D
W	Q	D	T	T	Q	X	Q	G	H	N	U	W	W	K
S	E	R	V	I	E	T	O	X	N	Y	E	J	N	Z

SPISEPINDE
SKÅL
KEDEL
FRYSER
KNIVE
KANDE
SKEER
KRYDDERIER
SVAMP
OVN
GAFLER
GRILL
SLEV
MAD
KRUKKE
OPSKRIFT
KØLESKAB
SERVIET
FORKLÆDE
KOPPER

30 - Corps Humain

K	H	F	O	S	P	H	H	X	B	D	H	H	R	Y
Æ	M	A	V	E	W	J	N	Æ	S	E	A	W	W	H
B	Q	C	T	J	V	E	W	M	T	U	L	J	Z	N
E	M	A	A	F	N	R	A	C	E	B	S	O	D	B
V	X	B	K	R	I	N	A	N	W	L	V	L	F	P
J	I	J	V	Y	J	E	Z	D	K	A	P	L	I	X
N	I	F	L	H	Q	K	S	S	U	E	C	R	N	A
Y	M	J	N	G	B	J	Y	K	M	I	L	H	G	N
S	P	U	K	N	Æ	A	S	Q	U	P	R	Å	E	S
S	D	C	N	H	A	G	E	E	H	L	E	N	R	I
A	P	D	D	D	O	L	B	H	O	U	D	D	L	G
L	Æ	B	E	R	I	Q	F	Y	V	K	U	E	C	T
H	J	E	R	T	E	M	W	Y	E	G	H	K	R	C
B	K	D	M	A	I	A	O	V	D	R	D	K	S	A
C	U	G	Y	Q	Ø	R	E	E	Z	E	I	E	Z	D

MUND
HJERNE
ANKEL
HALS
ALBUE
HJERTE
FINGER
MAVE
SKULDER
KNÆ
LÆBER
HÅND
KÆBE
HAGE
NÆSE
ØRE
HUD
BLOD
HOVED
ANSIGT

31 - Biologie

F	O	T	O	S	Y	N	T	E	S	E	D	S	N	N
K	R	Y	B	D	Y	R	L	E	R	S	O	Y	E	A
O	H	N	X	R	O	R	I	G	V	P	Y	M	U	T
U	S	O	V	Q	Y	S	T	P	E	A	C	B	R	U
I	D	M	O	S	O	M	O	R	K	N	S	I	O	R
Y	A	V	O	P	A	T	T	E	D	Y	R	O	N	L
M	A	T	I	S	T	A	R	U	V	S	R	S	D	I
H	L	I	N	K	E	Z	K	N	L	R	Q	E	N	G
P	I	S	O	F	L	J	N	F	X	A	E	V	E	R
Z	M	M	I	E	L	I	N	S	M	Y	Z	N	E	G
F	O	S	T	E	R	L	N	I	E	T	O	R	P	P
I	T	Z	A	N	G	C	J	G	H	O	R	M	O	N
M	A	J	T	C	E	L	L	E	F	K	W	S	P	O
C	N	M	U	G	K	O	L	L	A	G	E	N	F	L
D	A	E	M	B	A	K	T	E	R	I	E	W	M	F

ANATOMI
BAKTERIE
CELLE
KROMOSOM
KOLLAGEN
FOSTER
ENZYM
UDVIKLING
HORMON
PATTEDYR
MUTATION
NATURLIG
NERVE
NEURON
OSMOSE
FOTOSYNTESE
PROTEIN
KRYBDYR
SYMBIOSE
SYNAPSE

32 - Épices

S	K	L	E	K	I	N	N	E	F	P	P	K	G	O
P	P	O	A	S	A	L	T	X	E	U	W	Z	D	E
I	P	H	R	K	O	T	B	R	K	A	Y	R	P	T
D	V	X	G	I	R	E	T	T	I	B	V	A	O	Y
S	I	N	A	K	A	I	X	L	X	H	H	F	D	X
K	Q	B	M	A	K	N	D	T	M	V	C	P	Y	A
O	M	E	S	N	I	O	D	S	L	I	S	U	R	M
M	I	C	O	E	R	R	V	E	J	D	Y	Q	H	U
M	Q	N	O	L	P	F	M	F	R	L	H	E	B	S
E	V	K	G	I	A	F	K	X	P	Ø	X	J	Q	K
N	R	E	B	E	P	A	C	C	U	G	Ø	L	U	A
W	J	S	T	D	F	S	K	A	R	R	Y	I	T	T
Q	B	S	U	A	B	Æ	V	Y	Z	W	J	N	O	N
E	M	M	O	M	E	D	R	A	K	S	P	A	V	Ø
G	T	E	V	O	I	Z	N	O	A	D	G	V	Z	D

SUR
HVIDLØG
BITTER
ANIS
KANEL
KARDEMOMME
KORIANDER
SPIDSKOMMEN
KARRY
FENNIKEL
INGEFÆR
MUSKATNØD
LØG
PAPRIKA
PEBER
LAKRIDS
SAFFRON
SMAG
SALT
VANILJE

33 - Agronomie

R	U	U	S	A	E	F	N	P	G	Z	N	Ø	E	F
V	G	N	I	N	E	R	U	R	O	F	P	K	Y	S
V	S	O	D	N	A	V	R	U	R	A	L	O	T	I
O	I	L	X	E	Ø	V	Æ	K	S	T	I	L	P	G
X	T	D	A	M	R	D	I	P	H	V	X	O	R	J
W	X	R	E	N	F	S	L	Q	Q	A	N	G	O	G
P	S	O	C	N	D	X	Ø	J	L	I	M	I	D	R
K	U	J	B	X	S	B	I	G	R	E	N	E	U	Ø
M	A	C	O	O	U	K	R	B	E	Z	R	L	K	N
E	R	O	S	I	O	N	A	U	P	L	H	Y	T	T
G	Ø	D	N	I	N	G	E	B	G	T	S	H	I	S
E	F	O	R	S	K	N	I	N	G	N	X	E	O	A
S	Y	S	T	E	M	E	R	E	R	V	L	L	N	G
O	O	Y	S	Y	G	D	O	M	M	E	V	L	C	E
N	K	G	L	Y	M	E	G	T	Z	M	Z	E	C	R

LANDBRUG
VÆKST
VAND
GØDNING
MILJØ
ØKOLOGI
ENERGI
EROSION
UNDERSØGELSE
FRØ
GRØNTSAGER
SYGDOMME
MAD
FORURENING
PRODUKTION
FORSKNING
RURAL
VIDENSKAB
JORD
SYSTEMER

34 - Science

S	M	P	V	N	O	I	T	A	V	R	E	S	B	O
L	F	L	V	A	O	R	G	A	N	I	S	M	E	L
I	Y	A	T	T	N	E	M	I	R	E	P	S	K	E
S	S	N	M	U	I	R	O	T	A	R	O	B	A	L
S	I	T	U	R	P	A	R	T	I	K	L	E	R	V
O	K	E	X	P	H	P	J	T	V	N	W	X	U	U
F	D	R	M	A	N	J	N	K	D	A	B	D	U	U
Z	A	A	T	Y	N	G	D	E	K	R	A	F	T	D
Z	E	K	T	O	J	Y	X	O	H	L	W	A	K	V
M	M	G	T	A	H	Y	P	O	T	E	S	E	E	I
Z	E	E	C	U	R	E	L	Y	K	E	L	O	M	K
M	O	T	A	O	M	K	H	W	S	Z	R	Y	I	L
F	F	U	O	D	P	D	D	G	D	N	H	S	S	I
I	T	P	I	D	K	L	I	M	A	P	W	K	K	N
A	T	O	M	R	E	L	A	R	E	N	I	M	P	G

ATOM
KEMISK
KLIMA
DATA
EKSPERIMENT
UDVIKLING
FAKTUM
FOSSIL
TYNGDEKRAFT
HYPOTESE
LABORATORIUM
METODE
MINERALER
MOLEKYLER
NATUR
OBSERVATION
ORGANISME
PARTIKLER
FYSIK
PLANTER

35 - Vêtements

G	X	C	M	H	A	S	P	Z	S	J	O	K	J	B
S	A	N	D	A	L	E	R	Y	G	M	F	J	A	U
B	Y	P	L	X	C	E	L	P	J	N	U	O	K	K
O	Æ	U	S	N	T	J	F	D	P	A	L	L	K	S
Z	M	L	E	D	R	E	D	E	N	K	M	E	E	E
A	O	J	T	A	H	J	G	Q	F	L	A	A	R	R
R	D	O	R	E	D	Æ	K	S	L	A	H	W	S	N
E	E	G	E	T	R	O	J	K	S	F	J	Q	B	I
T	Ø	R	K	L	Æ	D	E	F	R	K	E	H	R	S
A	J	R	S	V	Y	O	K	S	Y	T	A	E	K	L
E	B	O	D	M	Q	I	K	Y	U	M	N	K	B	N
W	N	W	N	Y	E	W	A	H	Y	L	S	Z	G	J
S	V	X	A	S	S	V	R	D	N	Å	B	M	R	A
A	Z	J	H	O	Y	Q	F	E	B	P	B	L	M	W
F	O	R	K	L	Æ	D	E	D	M	P	G	G	I	T

ARMBÅND
BÆLTE
HAT
SKO
SKJORTE
BLUSE
HALSKÆDE
TØRKLÆDE
HANDSKER
JEANS
NEDERDEL
FRAKKE
MODE
BUKSER
SWEATER
PYJAMAS
KJOLE
SANDALER
FORKLÆDE
JAKKE

36 - Arts Visuels

R	V	S	B	U	C	K	A	H	T	H	I	J	R	S
K	R	E	A	T	I	V	I	T	E	T	W	D	T	P
S	S	A	M	M	E	N	S	Æ	T	N	I	N	G	L
K	Q	P	V	I	T	K	E	P	S	R	E	P	M	X
U	F	G	O	S	T	A	F	F	E	L	I	Y	B	P
L	V	E	K	V	P	L	J	E	N	L	K	M	C	E
P	W	F	S	A	R	K	I	T	E	K	T	U	R	N
T	F	I	L	M	F	P	H	E	L	W	Z	G	E	M
U	B	S	K	R	Æ	V	R	E	T	S	E	M	L	A
R	L	T	E	V	E	D	E	K	R	I	D	T	U	L
L	Y	E	R	K	U	N	S	T	N	E	R	F	K	E
I	A	N	A	P	O	R	T	R	Æ	T	Q	J	Æ	R
T	N	C	M	G	R	N	X	M	Q	I	R	H	R	I
K	T	I	I	Z	Q	E	Y	P	K	M	W	U	T	L
Z	R	L	K	X	M	W	W	B	I	K	F	C	J	N

ARKITEKTUR
LER
KUNSTNER
KERAMIK
TRÆKUL
MESTERVÆRK
STAFFELI
VOKS
SAMMENSÆTNING
KRIDT
BLYANT
KREATIVITET
FILM
MALERI
PERSPEKTIV
STENCIL
PORTRÆT
SKULPTUR
PEN
LAK

37 - Méditation

M	T	I	S	D	Q	O	V	O	L	A	T	N	E	M
U	O	A	J	F	O	Q	E	P	K	C	U	J	Z	S
S	B	M	N	I	I	C	N	M	G	C	D	A	P	Q
I	S	E	M	K	C	W	L	Æ	N	E	E	I	R	M
K	E	D	M	V	E	N	I	R	I	P	H	C	R	B
S	R	F	V	G	K	R	G	K	N	T	L	U	M	E
N	V	Ø	I	Å	Q	Z	H	S	K	A	I	G	D	V
A	A	L	T	D	G	R	E	O	Æ	J	T	V	E	Æ
F	T	E	K	R	B	E	D	M	R	T	S	U	H	G
R	I	L	E	T	P	S	N	H	T	W	U	W	R	E
E	O	S	P	R	I	L	I	E	R	V	G	X	A	L
D	N	E	S	O	S	E	S	D	J	N	H	H	L	S
R	R	N	R	L	L	L	L	E	E	M	X	U	K	E
Y	U	N	E	I	K	Ø	Q	X	V	O	S	U	J	O
E	V	Y	P	G	G	F	H	H	R	V	A	N	E	R

ACCEPT
OPMÆRKSOMHED
ROLIG
KLARHED
MEDFØLELSE
SIND
FØLELSER
VÅGEN
VENLIGHED
VANER
MENTAL
BEVÆGELSE
MUSIK
NATUR
OBSERVATION
FRED
TANKER
PERSPEKTIV
VEJRTRÆKNING
STILHED

38 - Littérature

R	K	B	J	X	F	O	R	F	A	T	T	E	R	F
Y	R	E	O	T	P	R	K	R	Q	L	M	I	G	O
T	R	S	E	G	C	M	G	X	H	I	K	X	N	R
M	W	K	E	T	G	I	D	Z	J	T	P	D	I	T
E	G	R	T	K	O	N	K	L	U	S	I	O	N	Æ
V	K	I	R	B	M	D	J	K	C	G	G	V	G	L
R	H	V	A	I	O	E	K	O	Y	B	O	C	I	L
Y	K	E	G	O	E	P	T	E	D	Z	L	Z	L	E
Z	N	L	E	G	E	P	M	A	N	Y	A	Y	N	R
D	O	S	D	R	V	O	J	L	F	A	N	H	E	K
O	I	E	I	A	M	E	T	Y	K	O	A	Q	M	N
E	T	A	E	F	C	T	Q	K	C	Y	R	U	M	L
I	K	L	L	I	N	I	R	O	M	A	N	L	A	I
R	I	M	I	O	J	S	G	Y	F	R	E	X	S	R
E	F	G	E	R	G	K	A	N	A	L	Y	S	E	U

ANALOGI
ANALYSE
ANEKDOTE
FORFATTER
BIOGRAFI
SAMMENLIGNING
KONKLUSION
BESKRIVELSE
DIALOG
FIKTION
METAFOR
FORTÆLLER
DIGT
POETISK
RIM
ROMAN
RYTME
STIL
TEMA
TRAGEDIE

39 - Nourriture #1

N	I	V	C	I	A	O	L	K	A	N	E	L	X	D
T	V	K	M	Q	X	J	X	X	N	L	R	N	W	W
U	S	Ø	K	K	L	Æ	M	S	G	J	I	X	M	Y
N	P	D	T	A	V	H	M	M	A	E	P	P	U	S
E	I	B	Q	F	J	D	O	R	E	L	U	G	K	A
Q	N	P	I	F	N	O	R	T	I	C	A	S	I	L
G	A	U	U	E	E	O	R	J	A	M	B	T	L	T
G	T	N	P	R	A	Z	E	D	I	M	V	L	I	J
N	I	I	Y	Æ	R	S	K	X	B	Q	U	O	S	P
B	A	F	B	P	K	A	K	W	W	Æ	K	D	A	Q
W	E	E	N	W	P	F	U	Y	Y	Q	R	Z	B	Q
M	L	S	Y	D	O	T	S	H	V	I	D	L	Ø	G
K	Q	M	L	F	K	R	W	G	U	B	Z	Z	V	E
L	Ø	G	Y	B	B	O	O	V	Z	O	Y	T	K	K
X	U	R	G	G	K	X	D	E	Q	V	E	C	N	I

HVIDLØG
BASILIKUM
KAFFE
KANEL
GULEROD
CITRON
SPINAT
JORDBÆR
SAFT
MÆLK
MAJROE
LØG
BYG
PÆRE
SALAT
SALT
SUPPE
SUKKER
TUN
KØD

40 - Jours et Mois

R	E	D	N	E	L	A	K	X	X	I	O	M	K	D
Q	G	A	D	R	Ø	L	B	P	A	N	K	R	H	U
J	U	L	I	N	U	J	E	I	D	M	T	U	G	R
T	J	O	O	A	R	E	B	M	E	V	O	N	Z	U
D	I	N	I	T	E	B	J	Y	N	Q	B	Z	C	K
Y	T	E	J	D	B	M	H	J	Å	I	E	X	A	P
K	T	P	W	Y	M	V	I	N	M	C	R	S	T	F
I	S	O	G	S	E	W	Q	M	O	G	O	Ø	O	R
W	U	P	V	A	T	I	R	S	D	A	G	N	R	E
O	G	S	P	X	P	A	A	A	W	D	A	D	S	D
M	U	E	R	D	E	P	U	E	U	S	D	A	D	A
L	A	L	I	A	S	R	R	K	O	N	N	G	A	G
J	Q	R	L	U	S	I	B	W	Q	O	A	T	G	B
B	J	L	T	A	O	L	E	W	V	S	M	J	Y	P
P	U	L	Z	S	V	Q	F	Q	O	Z	T	U	G	W

AUGUST
APRIL
KALENDER
SØNDAG
FEBRUAR
JANUAR
TORSDAG
JULI
JUNI
MANDAG

TIRSDAG
MARTS
ONSDAG
MÅNED
NOVEMBER
OKTOBER
LØRDAG
UGE
SEPTEMBER
FREDAG

41 - Jardinage

Y	S	O	A	S	X	A	D	I	M	B	B	O	B	Q
K	P	F	J	M	L	N	L	P	S	E	O	A	L	C
P	I	V	U	H	O	A	S	K	X	H	T	R	O	V
I	S	W	Q	G	C	M	N	A	T	O	A	T	M	A
Z	E	U	Y	F	T	I	B	G	M	L	N	S	S	N
P	L	N	K	R	S	L	I	L	E	D	I	M	T	D
Y	I	T	R	U	O	K	O	S	T	E	S	O	E	A
E	G	G	U	G	P	S	R	U	S	R	K	L	R	L
L	Ø	V	A	T	M	I	X	T	E	K	U	B	W	B
C	N	R	U	H	O	T	J	T	B	S	M	U	D	S
E	W	W	F	A	K	O	O	Q	N	S	C	K	O	Z
M	X	F	A	V	M	S	R	C	O	G	F	D	K	K
W	A	Y	H	E	P	K	D	D	S	I	E	I	W	D
H	X	C	V	T	V	E	O	M	Æ	X	N	W	F	Z
D	E	G	D	O	H	G	O	M	S	O	T	V	I	D

BOTANISK
BUKET
KLIMA
SPISELIG
KOMPOST
VAND
ART
EKSOTISK
LØV
BLAD
BLOMST
BLOMSTER
FRØ
FUGT
BEHOLDER
SÆSONBESTEMT
SMUDS
JORD
SLANGE
FRUGTHAVE

42 - Entreprise

S	K	I	R	B	A	F	B	U	D	G	E	T	O	U
J	O	M	E	D	A	R	B	E	J	D	E	R	D	E
T	S	M	O	K	D	N	I	F	X	Z	W	P	F	R
G	T	W	K	T	A	K	L	J	I	B	N	D	D	V
I	E	S	M	O	R	Z	A	W	A	R	O	U	O	A
S	D	Y	L	C	N	A	S	A	L	G	M	L	B	L
P	R	O	F	I	T	T	N	G	T	E	U	A	C	U
O	V	H	G	L	W	T	O	S	Q	B	O	O	K	T
L	C	R	E	R	E	I	R	R	A	K	F	E	I	A
F	I	N	A	N	S	I	E	R	E	K	X	Z	M	C
V	B	U	T	I	K	D	T	X	X	Q	T	I	O	N
A	U	G	N	I	R	E	T	S	E	V	N	I	N	A
R	K	M	C	M	O	Q	A	U	T	H	F	N	O	A
E	G	N	E	P	L	Q	K	K	Y	O	U	A	K	N
R	A	V	T	E	C	M	S	D	J	Q	P	F	Ø	C

PENGE
BUTIK
BUDGET
KONTOR
KARRIERE
KOSTE
VALUTA
MEDARBEJDER
FIRMA
ØKONOMI
FINANSIERE
SKATTER
INVESTERING
VARER
PROFIT
INDKOMST
TRANSAKTION
FABRIK
SALG

43 - Activités

Y	G	J	E	R	F	I	S	K	E	R	I	Z	H	O
D	W	V	T	E	W	Z	E	L	C	X	M	Q	A	N
E	X	L	S	S	X	U	G	S	N	S	Y	D	V	X
H	P	Z	F	S	Y	Z	H	Y	P	S	P	N	E	A
G	N	I	R	E	F	A	R	G	O	T	O	F	A	K
I	L	J	J	R	M	O	H	S	P	I	L	G	R	T
D	C	Y	M	E	U	R	R	Å	Z	P	B	N	B	I
R	A	F	G	T	L	D	Z	N	N	L	M	I	E	V
Æ	M	B	R	N	F	V	I	L	Ø	D	C	N	J	I
F	P	L	K	I	M	A	R	E	K	J	V	S	D	T
W	I	L	U	G	T	S	N	U	K	P	E	Æ	E	E
G	N	R	S	A	Y	I	S	C	Q	V	T	L	R	T
I	G	O	T	M	U	N	D	F	D	B	S	Z	S	K
V	A	N	D	R	I	N	G	N	I	N	Y	S	P	E
W	Y	S	J	A	G	T	M	A	L	E	R	I	B	Z

AKTIVITET
KUNST
HÅNDVÆRK
CAMPING
KERAMIK
JAGT
FÆRDIGHED
SYNING
INTERESSER
HAVEARBEJDE
SPIL
LÆSNING
FRITID
MAGI
MALERI
FISKERI
FOTOGRAFERING
FORNØJELSE
VANDRING

44 - Mode

S	K	S	L	N	E	D	E	K	S	E	B	K	B	A
I	O	E	T	I	H	H	L	E	P	M	I	S	O	H
Y	M	F	O	O	Y	D	E	C	Y	U	R	I	U	Y
W	T	T	I	I	F	Y	G	R	H	Y	E	T	T	X
T	Ø	J	R	S	X	R	A	U	X	Q	D	S	I	D
G	V	L	O	G	T	T	N	T	E	P	O	I	Q	S
W	A	Y	Q	S	L	I	T	S	I	W	R	L	U	F
M	O	D	E	R	N	E	K	K	V	R	B	A	E	W
K	S	I	T	K	A	R	P	E	O	B	J	M	S	D
D	N	O	L	B	E	H	S	T	R	U	I	I	J	P
N	L	A	N	I	G	I	R	O	M	E	F	N	W	K
E	B	B	P	A	R	A	D	C	X	Z	T	I	M	V
R	F	P	Y	P	C	C	R	X	V	X	J	M	F	T
T	D	G	I	L	E	M	M	O	K	R	E	V	O	Q
L	D	G	M	B	S	R	E	T	S	N	Ø	M	P	S

OVERKOMMELIG
BOUTIQUE
KNAPPER
BRODERI
DYRT
BLOND
ELEGANT
MINIMALISTISK
MODERNE
BESKEDEN
MØNSTER
ORIGINAL
PRAKTISK
SIMPEL
SOFISTIKERET
STIL
TREND
TEKSTUR
STOF
TØJ

45 - Fleurs

S	J	W	M	K	C	P	K	A	Q	N	K	L	H	Y
F	T	F	Æ	K	Q	A	R	Y	T	D	L	I	B	C
K	C	S	L	I	S	S	O	U	W	E	Ø	L	O	P
G	T	E	K	U	B	S	N	O	Æ	P	V	J	Z	S
P	W	O	E	T	L	I	B	V	B	H	E	E	U	O
P	H	G	B	U	H	O	L	R	J	Y	R	E	U	L
F	Y	T	Ø	L	U	N	A	O	T	S	K	J	A	S
M	X	S	T	I	P	F	D	S	V	U	Y	L	I	I
D	A	R	T	P	K	L	L	E	B	C	L	I	N	K
O	I	G	E	A	G	O	I	D	B	S	V	L	E	K
U	R	F	N	N	M	W	L	A	M	I	A	E	D	E
B	R	K	K	O	X	E	L	I	Z	B	L	K	R	S
Y	K	G	I	J	L	R	A	S	N	I	M	S	A	J
A	G	N	L	D	D	I	P	Y	Q	H	U	Å	G	R
R	L	E	D	N	E	V	A	L	R	H	E	P	P	V

BUKET
GARDENIA
HIBISCUS
JASMIN
PÅSKELILJE
LAVENDEL
LILLA
LILJE
MAGNOLIA
DAISY
ORKIDE
PASSIONFLOWER
VALMUE
KRONBLAD
MÆLKEBØTTE
PÆON
ROSE
SOLSIKKE
KLØVER
TULIPAN

46 - Nourriture #2

F	I	S	K	I	H	E	M	F	F	U	N	P	Z	M
W	C	X	M	K	Q	E	M	R	G	C	V	T	D	A
C	W	B	O	M	B	A	N	P	R	E	K	D	Z	N
G	A	H	A	W	C	R	H	E	E	E	R	C	V	D
B	R	O	C	C	O	L	I	G	D	J	Z	G	J	E
S	K	L	E	B	G	Q	K	K	B	Q	L	Z	G	L
T	E	W	D	R	Æ	B	E	S	R	I	K	G	C	Q
G	U	L	A	Ø	Z	K	O	C	E	X	T	O	O	H
D	R	X	L	D	R	I	X	G	N	I	L	L	Y	K
Z	D	Y	O	E	O	W	B	A	N	A	N	M	B	U
R	Q	U	K	D	R	I	Æ	I	T	A	M	O	T	R
Z	I	M	O	E	N	I	B	U	S	P	M	A	V	S
U	I	S	H	V	C	A	L	W	M	W	S	H	J	D
L	M	X	C	H	R	D	E	K	N	I	K	S	V	C
K	A	U	B	E	R	G	I	N	E	B	T	B	U	P

MANDEL
AUBERGINE
BANAN
HVEDE
BROCCOLI
KIRSEBÆR
SELLERI
SVAMP
CHOKOLADE
SKINKE

KIWI
MANGO
ÆG
BRØD
FISK
ÆBLE
KYLLING
DRUE
RIS
TOMAT

47 - Algèbre

U	H	U	E	N	D	E	L	I	G	N	V	G	L	V
H	I	V	E	O	D	Q	F	W	O	I	P	R	I	A
P	Y	T	H	I	X	M	L	A	Q	Y	M	A	G	R
Y	Q	H	B	T	F	A	E	Ø	K	F	K	F	N	I
J	L	L	J	K	B	T	M	U	S	T	O	N	I	A
D	J	Z	U	A	Z	R	R	W	S	N	O	R	N	B
I	R	S	Z	R	T	I	O	A	P	T	I	R	G	E
A	E	J	R	T	X	X	F	P	R	Æ	E	N	I	L
G	M	E	L	B	O	R	P	Q	T	D	B	H	G	U
R	M	J	Y	U	E	K	S	P	O	N	E	N	T	N
A	U	B	S	S	F	I	Y	F	A	L	S	K	M	N
M	N	K	R	F	O	R	E	N	K	L	E	R	F	W
I	I	B	Z	Ø	P	A	R	E	N	T	E	S	Q	C
Y	C	W	G	L	K	C	D	N	C	O	M	U	F	C
B	C	C	W	G	G	R	L	C	S	K	F	O	I	S

DIAGRAM
EKSPONENT
LIGNING
FAKTOR
FALSK
FORMEL
BRØK
GRAF
UENDELIG
LINEÆR

MATRIX
NUMMER
PARENTES
PROBLEM
FORENKLE
LØSNING
SUM
SUBTRAKTION
VARIABEL
NUL

48 - Océan

J	O	Q	X	K	O	K	P	W	U	K	Q	R	B	V
B	E	M	Y	D	S	S	E	J	E	R	I	K	Ø	X
O	K	L	V	B	E	I	T	N	V	D	R	N	L	E
Ø	S	T	E	R	S	F	T	O	G	N	A	T	G	G
K	O	R	A	L	F	U	U	A	R	A	A	L	E	I
E	G	T	F	Å	B	W	R	R	K	M	B	A	R	E
D	L	A	K	C	E	R	P	I	X	D	W	S	Y	C
D	Q	K	I	L	L	L	S	S	E	N	U	K	R	M
A	U	G	I	A	H	S	K	V	O	A	F	S	H	H
P	S	B	Å	D	P	V	Æ	I	V	V	E	R	V	O
D	E	L	F	I	N	A	L	H	C	O	U	V	U	E
L	P	W	Z	K	N	M	B	Q	A	Y	Q	T	V	E
I	O	C	Y	K	R	P	B	B	C	J	C	B	U	G
K	F	F	P	D	R	G	H	S	M	L	I	A	V	N
S	H	V	A	L	U	K	D	I	K	R	A	B	B	E

TANG
ÅL
HVAL
BÅD
KORAL
KRABBE
REJE
DELFIN
SVAMP
ØSTERS
VANDMAND
FISK
BLÆKSPRUTTE
HAJ
REV
SALT
STORM
TUN
SKILDPADDE
BØLGER

49 - Antiquités

S	M	S	P	Y	W	F	C	E	A	M	K	K	D	M
T	Ø	K	L	R	U	W	K	L	U	A	V	U	E	Ø
I	N	U	Q	D	I	Z	G	E	T	L	A	N	K	B
L	T	L	J	R	I	S	N	G	E	E	L	S	O	L
C	E	P	V	Æ	R	D	I	A	N	R	I	T	R	E
N	R	T	G	G	E	A	R	N	T	I	T	M	A	R
B	G	U	I	R	L	M	E	T	I	E	E	O	T	P
A	U	R	L	V	L	D	R	Y	S	R	T	H	I	F
U	D	X	N	H	A	R	U	R	K	E	V	P	V	S
K	R	A	A	Z	G	E	A	G	Y	K	N	P	F	E
T	F	O	V	T	R	D	T	I	A	K	S	E	C	H
I	H	C	D	V	F	M	S	W	T	Y	E	W	U	V
O	T	H	Æ	X	L	H	E	L	E	M	M	A	G	C
N	X	Z	S	G	N	I	R	E	T	S	E	V	N	I
Å	R	H	U	N	D	R	E	D	E	W	H	S	M	E

KUNST
AUTENTISK
SMYKKER
DEKORATIV
AUKTION
ELEGANT
GALLERI
USÆDVANLIG
INVESTERING
MØBLER
MALERIER
MØNTER
PRIS
KVALITET
RESTAURERING
SKULPTUR
ÅRHUNDREDE
STIL
VÆRDI
GAMMEL

50 - Boxe

H	Z	C	X	W	F	S	Y	Z	T	X	B	G	F	A
O	W	E	J	A	H	I	S	J	L	B	Y	C	R	A
F	O	K	U	S	O	K	G	R	J	H	P	E	V	W
M	J	X	I	V	V	W	T	H	N	P	M	F	Y	F
M	M	N	J	Y	O	P	S	G	T	A	O	T	U	E
F	O	A	R	Z	Z	C	U	I	F	E	W	Z	W	I
Æ	N	D	N	D	L	F	H	T	E	K	R	A	P	S
R	E	K	S	D	N	A	H	R	R	E	D	A	K	S
D	Z	I	H	T	A	L	B	U	E	K	K	O	L	K
I	R	Q	A	H	A	V	E	H	M	V	N	O	H	D
G	H	Y	G	R	C	N	R	W	M	U	Æ	P	J	Z
H	I	S	E	I	R	K	D	D	O	W	X	N	Ø	L
E	K	R	Y	T	S	M	E	E	D	P	R	C	R	B
D	L	E	G	E	M	E	W	S	R	Y	Z	P	N	M
U	D	M	A	T	T	E	T	S	M	F	V	O	E	P

MODSTANDER
DOMMER
SKADER
KLOKKE
HJØRNE
FIGHTER
FÆRDIGHED
FOKUS
REB

LEGEME
ALBUE
SPARKE
UDMATTET
STYRKE
HANDSKER
HAGE
NÆVE
HURTIG

51 - Réchauffement Climatique

G	U	O	Q	S	H	S	W	E	F	P	A	Y	L	D
H	N	D	P	C	U	G	A	Q	J	G	R	L	E	P
G	A	V	B	M	Z	N	T	A	P	T	K	A	V	I
K	J	Z	Z	F	Æ	I	A	E	K	G	T	N	E	N
Y	R	E	G	N	I	R	D	N	Æ	F	I	O	S	D
E	N	E	R	G	I	E	K	I	X	D	S	I	T	U
U	N	T	C	N	X	G	P	S	V	I	K	T	E	S
D	W	L	F	I	Q	E	R	U	O	T	W	A	D	T
V	G	N	V	N	W	R	U	J	X	M	S	N	E	R
I	A	D	L	V	K	R	I	S	E	E	H	R	R	I
K	S	A	M	I	L	K	T	D	L	R	X	E	F	X
L	I	H	X	G	Z	M	F	D	C	F	I	T	D	I
I	Y	D	Z	V	G	J	E	F	Q	W	S	N	G	E
N	C	B	W	O	K	F	C	W	O	E	H	I	S	T
G	H	T	K	L	D	H	G	X	Z	X	L	Q	P	F

ARKTISK
OPMÆRKSOMHED
ÆNDRINGER
KLIMA
KRISE
UDVIKLING
DATA
ENERGI
FREMTID
GAS
REGERING
LEVESTEDER
INDUSTRI
INTERNATIONAL
LOVGIVNING
NU

52 - Ballet

S	U	M	U	K	I	L	B	U	P	S	T	P	E	S
A	F	E	M	I	O	T	E	K	N	I	K	E	V	I
R	E	L	K	S	U	M	U	B	W	M	K	O	Ø	F
I	T	A	S	U	P	S	P	H	E	T	S	S	R	A
A	I	L	F	M	G	S	I	O	R	E	J	O	P	R
Y	X	S	B	F	L	B	P	L	N	T	X	Q	L	G
B	Y	P	Y	U	Q	D	L	A	F	I	B	U	A	O
D	A	N	S	E	R	E	D	L	R	S	S	E	R	E
S	T	I	L	C	K	Q	U	S	Y	N	U	T	E	R
B	A	L	L	E	R	I	N	A	T	E	T	Q	N	O
F	Æ	R	D	I	G	H	E	D	M	T	S	W	E	K
O	R	K	E	S	T	E	R	F	E	N	E	X	G	L
Y	N	D	E	F	U	L	D	L	C	I	G	M	H	E
E	R	D	U	D	T	R	Y	K	S	F	U	L	D	E
K	U	N	S	T	N	E	R	I	S	K	G	X	A	Z

BIFALD
KUNSTNERISK
BALLERINA
KOREOGRAFI
FÆRDIGHED
KOMPONIST
DANSERE
UDTRYKSFULDE
GESTUS
YNDEFULD
INTENSITET
MUSKLER
MUSIK
ORKESTER
PUBLIKUM
GENERALPRØVE
RYTME
SOLO
STIL
TEKNIK

53 - Fruit

P	Z	K	R	L	J	D	G	P	A	P	A	Y	A	P
Q	B	C	A	B	R	I	K	O	S	L	V	C	B	W
P	Æ	R	E	G	N	A	R	O	W	N	A	W	N	K
N	E	K	T	A	R	I	N	V	X	D	U	L	X	M
V	U	N	J	I	X	G	B	R	E	E	G	X	Z	E
Z	R	B	D	O	L	R	Æ	B	D	N	I	H	M	L
C	D	C	Z	F	Æ	Æ	I	Y	C	F	C	D	I	O
N	O	R	T	I	C	B	A	V	O	C	A	D	O	N
K	M	I	K	G	S	E	L	Y	U	G	D	I	J	V
K	I	C	N	E	K	S	R	E	F	S	N	S	V	A
H	I	W	K	R	P	R	X	M	S	S	A	A	C	N
Q	A	S	I	R	D	I	F	Q	D	V	N	N	M	K
I	M	I	V	I	N	K	K	R	C	A	A	A	J	O
T	N	T	S	Y	V	M	A	B	Æ	R	B	N	S	D
P	H	X	H	F	M	B	H	N	A	A	Z	A	P	X

ABRIKOS
ANANAS
AVOCADO
BÆR
BANAN
KIRSEBÆR
CITRON
FIG
HINDBÆR
GUAVA
KIWI
MANGO
MELON
NEKTARIN
ORANGE
PAPAYA
FERSKEN
PÆRE
ÆBLE
DRUE

54 - Musique

S	S	Y	N	G	E	Q	N	N	A	H	P	A	T	M
I	X	O	B	V	D	I	Q	X	J	A	O	B	R	U
M	N	O	F	O	R	K	I	M	H	R	E	X	B	S
X	A	D	B	A	L	L	A	D	E	M	T	Y	R	I
U	Y	Z	S	K	O	T	R	B	Q	O	I	K	P	K
D	X	U	O	P	U	M	E	S	X	N	S	L	S	A
R	G	S	M	T	I	E	P	Q	X	I	K	A	P	L
L	Y	R	I	S	K	L	O	R	G	S	D	S	X	S
X	K	E	P	F	V	T	N	A	T	K	B	S	T	K
M	L	K	A	M	E	F	A	I	T	W	Q	I	E	S
E	A	I	I	O	L	P	E	R	N	H	D	S	M	A
L	K	S	I	M	T	Y	R	O	J	G	I	K	P	N
O	O	U	I	N	S	T	R	U	M	E	N	T	O	G
D	V	M	U	B	L	A	H	A	R	M	O	N	I	E
I	X	U	C	H	U	L	A	J	G	E	I	R	Y	R

ALBUM
BALLADE
SYNGE
SANGER
KLASSISK
INDSPILNING
HARMONI
HARMONISK
INSTRUMENT
LYRISK
MELODI
MIKROFON
MUSIKALSK
MUSIKER
OPERA
POETISK
RYTME
RYTMISK
TEMPO
VOKAL

55 - Météo

T	E	M	P	E	R	A	T	U	R	R	V	A	O	E
Y	G	S	L	Z	V	R	Z	H	B	O	I	T	F	F
N	Å	K	I	W	J	J	Z	I	G	L	N	M	Z	A
K	T	D	O	R	R	I	S	X	E	I	D	O	Y	U
U	T	Ø	R	U	B	N	Y	E	M	G	U	S	Y	R
K	L	I	M	A	R	E	G	N	B	U	E	F	I	S
O	S	T	O	R	M	D	W	L	B	B	K	Æ	S	M
X	R	Y	W	Q	X	R	H	D	P	D	R	R	P	O
V	P	K	S	I	P	O	R	T	X	H	Ø	E	K	X
P	T	S	A	M	X	T	Y	Y	S	E	T	U	R	Q
I	O	B	Y	N	U	S	N	O	M	W	G	G	X	H
F	I	L	E	M	M	I	H	L	W	J	P	H	C	R
T	K	W	A	Z	N	G	J	X	P	Y	X	R	M	O
I	R	F	G	R	L	B	N	T	O	R	N	A	D	O
N	O	R	G	Q	Q	C	I	S	D	P	S	I	I	J

REGNBUE
ATMOSFÆRE
BRISE
TÅGE
ROLIG
HIMMEL
KLIMA
IS
MONSUN
SKY
ORKAN
POLAR
TØR
TØRKE
TEMPERATUR
STORM
TORDEN
TORNADO
TROPISK
VIND

56 - L'Entreprise

I	I	C	I	S	I	R	T	T	L	M	R	K	F	B
P	N	N	M	U	L	I	G	H	E	D	Y	V	R	E
R	Q	N	D	Y	G	G	O	X	F	G	K	A	E	S
Æ	T	A	O	T	L	V	L	X	V	D	V	L	M	K
S	J	C	W	V	Æ	M	Y	O	U	B	K	I	S	Æ
E	B	P	N	D	A	G	M	S	B	S	H	T	K	F
N	E	V	R	S	O	T	T	X	R	A	R	E	R	T
T	S	V	F	G	Q	X	I	U	E	F	L	T	I	I
A	L	P	E	V	C	I	L	V	S	V	C	E	D	G
T	U	R	F	O	R	R	E	T	N	I	N	G	T	E
I	T	O	Y	I	N	R	T	V	E	T	N	G	H	L
O	N	D	K	I	D	D	S	R	D	A	J	P	G	S
N	I	U	L	J	S	L	F	N	N	E	W	A	T	E
Y	N	K	V	T	G	L	M	P	E	R	L	K	T	T
B	G	T	J	K	U	T	P	U	T	K	N	C	K	O

FORRETNING
KREATIV
BESLUTNING
BESKÆFTIGELSE
GLOBAL
INNOVATIV
MULIGHED
PRÆSENTATION
PRODUKT
FREMSKRIDT
KVALITET
INDTÆGT
RY
RISICI
TENDENSER

57 - Gouvernement

R	U	K	R	X	Z	Y	F	V	L	J	O	G	O	E
E	J	S	W	X	V	M	R	Z	S	T	T	D	Y	S
T	U	G	D	E	H	G	I	D	R	Æ	F	T	E	R
L	N	L	K	L	F	E	H	B	E	C	F	D	B	S
I	I	Z	C	A	J	F	E	L	D	Z	O	I	O	Y
G	T	B	K	T	M	J	D	A	E	L	R	S	R	M
N	A	T	I	O	N	A	L	I	H	O	F	K	G	B
F	R	E	D	E	L	I	G	O	G	V	A	U	E	O
T	K	U	V	G	P	L	I	V	I	C	T	S	R	L
L	O	F	N	D	O	R	J	W	T	Z	N	S	S	A
I	M	N	A	O	L	O	M	T	T	B	I	I	K	Y
G	E	D	D	H	I	S	L	O	E	I	N	O	A	S
H	D	L	W	Q	T	T	K	U	R	U	G	N	B	Y
E	G	K	P	F	I	A	A	R	B	A	J	C	S	Z
D	M	B	C	L	K	T	T	N	E	M	U	N	O	M

BORGERSKAB
CIVIL
FORFATNING
DEMOKRATI
TALE
DISKUSSION
RETTIGHEDER
LIGHED
STAT
RETLIG
RETFÆRDIGHED
FRIHED
LOV
MONUMENT
NATION
NATIONAL
FREDELIG
POLITIK
SYMBOL

58 - Randonnée

G	N	I	R	E	T	N	E	I	R	O	B	V	D	X
N	N	E	T	S	R	V	D	F	K	Q	J	I	V	B
U	A	I	C	T	O	W	Ø	Q	Q	U	E	X	E	O
T	T	H	P	I	K	J	M	X	J	H	R	U	J	N
Y	U	Y	G	M	A	U	P	C	H	P	G	H	R	D
P	R	E	K	R	A	P	O	C	U	H	V	K	E	V
C	Y	A	J	B	J	C	T	K	T	E	J	F	R	V
M	D	L	I	V	I	R	K	K	Y	O	E	D	A	I
S	K	L	I	M	A	X	W	L	L	R	R	N	F	R
F	O	Z	W	W	B	J	R	R	K	E	T	J	I	U
P	U	L	T	L	P	K	V	P	K	L	M	E	W	O
Z	S	A	N	A	K	A	A	M	B	V	I	L	L	O
F	V	L	R	W	F	W	N	T	L	Ø	R	N	E	N
O	P	P	F	T	M	I	D	N	W	T	Æ	R	T	C
F	O	R	B	E	R	E	D	E	L	S	E	A	I	B

DYR
STØVLER
CAMPING
KORT
KLIMA
FARER
VAND
KLINT
TRÆT
TUNG

VEJR
BJERG
NATUR
ORIENTERING
PARKER
STEN
FORBEREDELSE
VILD
SOL
TOPMØDE

59 - Art

H	S	A	M	M	E	N	S	Æ	T	N	I	N	G	P
S	K	U	L	P	T	U	R	G	J	T	I	Y	F	E
K	E	R	A	M	I	S	K	Y	R	T	D	U	V	R
S	L	V	Y	S	G	Q	T	O	T	E	B	A	K	S
D	A	E	M	S	I	L	A	E	R	R	U	S	K	O
S	Y	M	B	O	L	I	E	D	Z	D	S	M	Q	N
H	H	E	T	E	R	E	R	I	P	S	N	I	S	L
O	U	W	E	N	Æ	F	E	V	S	K	P	S	I	I
S	R	M	C	M	P	I	I	I	A	E	Q	Z	M	G
G	T	I	Ø	E	Y	G	R	S	Z	L	O	K	P	J
W	Y	S	G	R	A	U	E	U	O	P	Y	P	E	F
N	A	C	Q	I	O	R	L	E	F	M	F	S	L	J
B	P	L	W	D	N	A	A	L	N	O	Y	R	K	L
K	L	K	G	F	X	A	M	Y	S	K	R	N	R	R
V	F	W	D	E	R	D	L	I	K	S	M	N	S	R

KERAMISK
KOMPLEKS
SAMMENSÆTNING
SKABE
SKILDRE
UDTRYK
FIGUR
ÆRLIG
HUMØR
INSPIRERET
ORIGINAL
MALERIER
PERSONLIG
POESI
SKULPTUR
SIMPEL
EMNE
SURREALISME
SYMBOL
VISUEL

60 - Nutrition

A	K	Y	F	S	H	E	C	E	U	O	V	V	Y	N
F	N	F	E	M	V	K	O	S	T	D	D	D	F	A
K	O	Z	N	A	I	Æ	W	P	L	K	J	W	G	C
V	V	R	R	G	Y	W	G	V	Æ	S	K	E	R	P
A	I	E	D	N	U	S	R	T	H	M	L	C	N	R
L	T	I	K	Ø	E	G	I	L	E	S	I	P	S	O
I	A	R	K	R	J	Q	H	W	O	O	Z	Y	U	T
T	M	O	A	E	Y	E	G	Æ	R	I	N	G	N	E
E	I	L	H	T	K	D	L	K	A	T	I	R	D	I
T	N	A	R	T	H	Q	D	S	L	I	S	K	H	N
O	U	K	Q	I	N	D	N	E	E	I	K	J	E	E
C	Q	C	C	B	U	X	H	L	R	A	O	F	D	R
X	S	A	U	C	E	T	X	Z	Q	I	T	V	G	Y
A	P	P	E	T	I	T	Q	A	K	U	E	O	L	E
K	U	L	H	Y	D	R	A	T	E	R	V	R	P	T

BITTER
APPETIT
KALORIER
SPISELIG
KOST
FORDØJELSE
KRYDDERIER
GÆRING
KULHYDRATER
VÆSKER
VÆGT
PROTEINER
KVALITET
SUND
SUNDHED
SAUCE
SMAG
TOKSIN
VITAMIN

61 - Créativité

K	D	O	I	C	Q	G	P	Z	S	Q	K	U	X	I
U	R	P	F	N	A	T	N	O	P	S	H	D	F	N
N	A	F	Ø	O	T	E	T	I	L	A	T	I	V	S
S	M	I	L	I	V	E	F	A	N	T	A	S	I	P
T	A	N	E	T	B	I	N	E	U	C	J	E	Z	I
N	T	D	L	I	M	I	S	S	J	Q	W	H	F	R
E	I	S	S	U	W	U	L	I	I	K	C	O	L	A
R	S	O	E	T	H	Q	M	L	O	T	H	Z	U	T
I	K	M	R	N	U	B	L	I	E	N	E	K	I	I
S	L	D	C	I	O	P	G	Z	I	D	E	T	D	O
K	Y	R	T	D	N	I	E	L	D	E	E	R	I	N
F	Æ	R	D	I	G	H	E	D	E	H	G	V	T	C
Z	B	A	U	D	T	R	Y	K	E	T	Q	P	E	Q
K	L	A	R	H	E	D	Q	P	R	G	I	D	T	L
S	E	N	S	A	T	I	O	N	P	Æ	P	W	E	K

KUNSTNERISK
ÆGTHED
KLARHED
FÆRDIGHED
DRAMATISK
UDTRYK
FØLELSER
FLUIDITET
IDEER
BILLEDE
FANTASI
INDTRYK
INSPIRATION
INTENSITET
INTUITION
OPFINDSOM
SENSATION
SPONTAN
VISIONER
VITALITET

62 - Science Fiction

D	F	R	F	I	C	R	S	U	H	O	T	O	H	E
J	A	O	U	L	B	Æ	Q	C	W	T	Z	J	U	K
F	N	B	T	L	N	N	Y	T	E	N	A	L	P	S
K	T	O	U	U	O	I	B	P	G	N	J	O	C	T
F	A	T	R	S	I	G	O	T	C	R	A	E	F	R
I	S	T	I	I	S	A	T	O	M	A	R	R	O	E
T	T	E	S	O	O	M	Y	S	T	I	S	K	I	M
E	I	R	T	N	L	I	P	O	T	U	Y	E	D	E
K	S	E	I	B	P	O	J	M	G	D	Y	K	K	F
N	K	G	S	R	S	Y	S	S	V	K	R	V	S	A
O	A	Ø	K	A	K	S	I	T	S	I	L	A	E	R
L	H	B	I	N	E	D	R	E	V	D	A	C	V	G
O	P	L	E	D	C	H	P	Y	P	T	H	M	X	O
G	I	U	C	U	S	B	B	G	A	E	Q	E	W	I
I	O	R	A	C	L	E	S	K	A	L	A	G	A	B

ATOMAR
BIOGRAF
EKSPLOSION
EKSTREM
FANTASTISK
BRAND
FUTURISTISK
GALAKSE
ILLUSION
IMAGINÆR
BØGER
VERDEN
MYSTISK
ORACLE
PLANET
REALISTISK
ROBOTTER
SCENARIE
TEKNOLOGI
UTOPI

63 - Vertus #1

G	N	W	K	L	Z	U	X	H	Q	V	L	C	A	A
R	E	K	K	I	S	Z	W	H	W	O	G	G	W	F
M	D	U	L	E	L	K	L	O	G	J	O	E	O	G
I	E	W	A	G	I	R	R	E	G	S	Y	N	F	Ø
N	K	J	Y	F	N	Y	T	T	I	G	K	E	A	R
T	S	S	F	R	H	O	Q	U	B	F	O	R	N	E
E	E	H	I	J	P	Æ	K	F	I	E	U	Ø	T	N
L	B	S	I	R	F	R	N	C	Z	J	G	S	A	D
L	Y	I	H	C	E	L	A	G	U	E	M	B	S	E
I	P	A	T	I	E	N	T	K	I	R	E	N	I	E
G	Z	U	Q	H	Q	N	T	C	T	G	C	N	F	J
E	H	B	Z	J	D	W	Y	S	E	I	F	G	U	H
N	E	F	F	E	K	T	I	V	N	X	S	N	L	V
T	D	O	G	F	L	G	D	K	Y	U	S	K	D	V
C	H	A	R	M	E	R	E	N	D	E	K	K	E	X

KUNSTNERISK
GODT
CHARMERENDE
SIKKER
NYSGERRIG
AFGØRENDE
SJOV
EFFEKTIV
GENERØS
FANTASIFULDE
UAFHÆNGIG
INTELLIGENT
BESKEDEN
PATIENT
PRAKTISK
REN
KLOG
NYTTIG

64 - Professions #1

G	O	L	O	E	G	T	S	I	N	A	I	P	L	A
S	U	I	R	F	Q	R	U	E	B	F	L	J	Æ	M
K	Y	L	V	B	M	Æ	Q	R	I	W	F	B	G	B
B	U	G	D	M	O	N	O	R	T	S	A	A	E	A
R	U	N	E	S	O	E	D	Ø	D	W	R	N	G	S
A	M	Q	S	P	M	R	M	T	N	X	G	K	Æ	S
N	Q	D	X	T	L	E	Q	K	I	T	O	M	L	A
D	N	N	P	A	N	E	D	A	V	O	T	A	R	D
M	J	J	N	K	H	E	J	D	B	X	R	N	Y	Ø
A	Y	Æ	R	O	B	I	R	E	S	N	A	D	D	R
N	G	G	G	V	N	I	H	R	R	P	K	R	Z	I
D	V	E	B	D	F	R	N	O	T	S	O	Y	K	S
Z	D	R	I	A	W	E	G	O	L	O	K	Y	S	P
M	U	S	I	K	E	R	K	G	A	Y	I	E	H	H
B	L	I	K	K	E	N	S	L	A	G	E	R	L	E

AMBASSADØR
KUNSTNER
ASTRONOM
ADVOKAT
BANKMAND
GULDSMED
KARTOGRAF
JÆGER
DANSER
TRÆNER
REDAKTØR
GEOLOG
SYGEPLEJERSKE
LÆGE
MUSIKER
PIANIST
BLIKKENSLAGER
BRANDMAND
PSYKOLOG
DYRLÆGE

65 - Géologie

Z	E	C	I	K	F	K	F	V	Y	K	S	S	R	S
I	N	O	I	S	O	R	E	W	H	V	M	S	O	H
M	O	M	E	V	D	N	T	O	W	A	E	D	B	O
W	K	T	I	H	T	O	T	P	C	R	L	C	M	M
X	R	Y	U	T	T	S	L	I	E	T	T	S	Z	I
G	E	J	S	E	R	T	A	V	N	S	E	U	Z	N
A	L	A	R	O	K	E	S	P	J	E	T	L	O	E
L	L	V	F	X	J	N	K	J	L	S	N	K	N	R
Y	A	A	T	K	H	K	S	N	H	A	Y	T	E	A
A	T	L	I	S	S	O	F	H	G	Y	T	R	G	L
C	S	K	S	T	A	L	A	K	T	I	T	E	E	E
R	Y	R	G	G	R	W	D	G	F	D	W	M	A	R
R	R	H	C	A	L	C	I	U	M	C	U	A	K	U
M	K	G	I	H	U	L	E	V	U	L	K	A	N	E
N	U	E	J	F	V	K	D	N	N	R	F	V	R	P

SYRE
CALCIUM
HULE
KONTINENT
KORAL
LAG
KRYSTALLER
EROSION
SMELTET
FOSSIL
GEJSER
LAVA
MINERALER
STEN
PLATEAU
KVARTS
SALT
STALAKTIT
VULKAN
ZONE

66 - Jardin

H	S	J	O	W	A	B	T	P	R	C	F	B	J	G
G	E	V	A	H	T	G	U	R	F	Q	T	H	T	R
O	V	G	N	X	C	Z	M	X	D	D	R	O	J	Æ
K	A	U	N	C	I	D	C	Y	D	E	Æ	R	D	S
A	H	K	P	U	D	O	W	F	Z	V	A	Z	G	P
X	H	R	B	U	S	K	X	G	G	G	I	J	A	L
U	S	U	F	R	Q	R	W	G	Z	R	Y	V	R	Æ
B	G	D	T	H	M	Q	X	V	P	C	Æ	F	A	N
Æ	X	T	H	Æ	N	G	E	K	Ø	J	E	S	G	E
N	E	S	S	A	R	R	E	T	B	A	G	V	E	T
K	Y	M	A	D	F	V	U	M	I	X	N	J	I	U
G	X	O	V	I	N	S	T	O	K	Q	A	S	G	R
N	D	L	V	O	K	S	N	K	O	O	L	O	Z	R
S	F	B	W	C	T	Q	I	Z	X	F	S	P	K	X
U	L	B	J	P	J	T	R	A	M	P	O	L	I	N

TRÆ
BÆNK
BUSK
HEGN
DAM
BLOMST
GARAGE
HÆNGEKØJE
GRÆS
HAVE

UKRUDT
SKOVL
GRÆSPLÆNE
RIVE
JORD
TERRASSE
TRAMPOLIN
SLANGE
FRUGTHAVE
VINSTOK

67 - Santé et Bien Être #1

K	A	C	M	C	B	W	B	C	K	K	Z	F	S	B
V	L	F	D	U	H	U	N	H	S	P	I	Q	K	A
I	T	I	S	G	S	P	F	L	Æ	G	E	H	A	K
R	Q	P	N	L	J	K	K	G	J	E	G	O	D	T
U	P	A	L	I	A	B	L	W	A	E	M	R	E	E
S	U	R	T	L	K	P	Z	E	J	O	E	M	J	R
P	E	E	V	A	N	E	N	Z	R	V	D	O	K	I
C	T	T	L	U	S	E	R	I	B	P	I	N	N	E
F	R	A	K	T	U	R	V	T	N	O	C	E	O	D
B	E	H	A	N	D	L	I	N	G	G	I	R	G	J
A	P	O	T	E	K	J	T	R	N	D	N	F	L	Ø
F	W	A	B	J	M	Q	K	U	N	M	U	C	E	H
D	Z	G	L	F	C	B	A	U	Q	V	L	W	R	Z
R	E	F	L	E	K	S	L	P	F	C	M	U	R	S
A	N	O	J	K	F	Z	A	G	X	Y	R	V	V	G

AKTIV
BAKTERIE
SKADE
KLINIK
SULT
FRAKTUR
VANE
HØJDE
HORMONER
LÆGE
MEDICIN
MUSKLER
KNOGLER
HUD
APOTEK
AFSLAPNING
REFLEKS
TERAPI
BEHANDLING
VIRUS

68 - Barbecues

S	S	Y	F	D	G	N	I	L	L	Y	K	V	S	U
U	Y	T	R	Y	S	A	L	A	T	E	R	E	P	F
B	E	C	U	A	S	H	D	R	E	B	E	P	I	E
A	Ø	I	G	C	J	R	A	D	V	J	M	Q	L	M
X	K	R	T	L	A	S	S	B	I	H	M	B	S	T
S	P	M	N	V	E	B	R	Q	N	M	O	Y	S	F
U	Q	K	B	G	V	T	M	I	K	I	S	U	M	A
L	G	R	Ø	N	T	S	A	G	E	R	T	D	U	M
T	A	H	Q	E	S	B	M	W	H	F	O	T	P	I
V	D	J	X	P	M	W	P	J	P	Q	M	G	X	L
T	L	E	Q	B	Z	M	D	Z	X	D	A	R	F	I
L	F	R	O	K	O	S	T	G	T	H	T	I	F	E
S	Ø	G	R	R	E	R	F	Q	V	E	E	L	B	M
U	W	G	V	V	T	J	S	K	T	D	R	L	Q	R
N	M	D	P	S	G	M	W	I	H	E	J	G	Z	C

HED
KNIVE
FROKOST
MIDDAG
BØRN
SOMMER
SULT
FAMILIE
FRUGT
GRILL
SPIL
GRØNTSAGER
MUSIK
LØG
PEBER
KYLLING
SALATER
SAUCE
SALT
TOMATER

69 - Ferme #1

Æ	S	E	L	U	Z	Y	K	O	K	K	A	T	H	K
J	F	Y	G	E	Q	I	C	M	B	O	R	B	Q	Y
H	E	S	T	A	K	C	H	Ø	I	L	B	A	Z	L
M	Q	R	N	X	R	S	F	O	S	F	K	U	M	L
V	W	U	O	X	R	K	I	U	O	K	Y	G	H	I
O	D	L	Q	T	T	V	M	R	N	F	X	I	N	N
M	H	A	A	G	J	X	D	H	Q	G	R	I	S	G
Z	S	N	A	A	Q	P	H	O	G	G	E	D	C	O
C	G	D	N	A	V	M	H	N	D	N	S	H	M	O
N	M	B	P	R	L	Z	K	N	L	D	C	Y	A	R
Q	M	R	D	D	A	E	D	I	X	E	U	J	X	V
Y	F	U	J	K	K	Y	Z	N	L	B	X	G	I	V
F	F	G	T	T	W	C	Y	G	E	I	F	E	P	N
G	Ø	D	N	I	N	G	I	U	Z	P	X	B	K	W
H	U	N	D	L	G	I	F	P	P	S	B	M	V	V

BI
LANDBRUG
ÆSEL
BISON
MARK
KAT
HEST
GED
HUND
HEGN
KRAGE
VAND
GØDNING
HØ
HONNING
KYLLING
RIS
FLOK
KO
KALV

70 - Antarctique

Q	M	F	J	R	L	S	S	B	Z	B	L	U	K	V
X	P	I	O	G	R	R	Y	H	P	F	M	L	R	I
K	F	G	N	R	U	T	A	R	E	P	M	E	T	D
O	O	S	E	E	S	O	N	E	L	M	D	E	Z	E
N	L	T	I	O	R	K	R	Ø	G	E	M	E	F	N
T	C	E	F	U	G	A	E	A	U	N	E	A	O	S
I	D	N	A	V	B	R	L	R	F	O	S	I	V	K
N	X	E	R	J	D	E	A	E	M	I	L	J	Ø	A
E	B	T	G	D	O	Y	V	F	R	T	E	I	V	B
N	S	B	O	M	F	K	H	K	I	A	R	W	L	E
T	A	U	P	Y	M	S	B	I	G	R	A	X	A	L
G	L	A	O	V	X	E	K	H	M	G	V	Y	H	I
F	H	M	T	O	A	E	B	I	S	I	E	O	O	G
K	B	U	G	T	G	W	Z	B	I	M	B	F	E	W
E	O	T	E	K	S	P	E	D	I	T	I	O	N	S

BUGT
HVALER
FORSKER
BEVARELSE
KONTINENT
VAND
MILJØ
EKSPEDITION
GEOGRAFI
IS
ØER
MIGRATION
MINERALER
SKYER
FUGLE
HALVØ
STENET
VIDENSKABELIG
TEMPERATUR
TOPOGRAFI

71 - Professions #2

F	O	S	O	L	I	F	U	Z	J	L	L	L	I	N
I	O	S	I	L	L	U	S	T	R	A	T	O	R	O
N	W	T	O	I	U	G	O	L	O	O	Z	W	A	K
G	S	E	O	L	Æ	G	E	R	K	L	O	U	K	C
E	D	O	A	G	T	I	N	W	I	M	I	D	E	J
N	E	W	R	E	R	Æ	L	Y	R	O	R	P	T	O
I	T	E	H	J	E	A	A	G	U	K	D	Z	O	U
Ø	E	G	M	L	D	V	F	Q	R	C	U	O	I	R
R	K	Æ	R	E	N	T	R	A	G	Y	O	S	L	N
R	T	L	T	B	I	F	B	I	O	L	O	G	B	A
D	I	D	V	J	F	R	D	D	C	V	T	A	I	L
O	V	N	V	A	P	E	B	P	C	A	V	V	B	I
Z	U	A	H	L	O	L	I	N	G	V	I	S	T	S
A	S	T	R	O	N	A	U	T	F	T	Y	N	L	T
V	S	W	S	J	K	M	F	O	R	S	K	E	R	X

ASTRONAUT
BIBLIOTEKAR
BIOLOG
FORSKER
KIRURG
TANDLÆGE
DETEKTIV
LÆRER
ILLUSTRATOR
INGENIØR
OPFINDER
GARTNER
JOURNALIST
LINGVIST
LÆGE
MALER
FILOSOF
FOTOGRAF
PILOT
ZOOLOG

72 - Les Abeilles

P	R	P	X	W	K	F	N	S	V	F	W	W	H	P
D	R	V	O	M	N	E	X	I	L	I	P	K	I	Y
Z	Q	O	B	H	A	V	E	H	A	H	N	I	V	C
Q	S	K	U	L	H	O	N	N	I	N	G	G	E	W
N	W	S	P	S	O	T	Y	G	G	Z	Ø	T	E	C
P	O	L	L	E	N	M	R	I	E	P	R	M	H	R
P	S	T	F	B	I	C	S	S	O	L	A	K	I	I
L	N	T	G	R	R	J	T	T	S	V	Æ	R	M	U
A	O	D	A	M	U	R	N	S	E	P	K	L	O	T
N	M	C	V	Z	I	G	J	M	B	R	R	P	U	A
T	I	X	N	U	N	H	T	O	I	N	S	E	K	T
E	T	X	L	I	Z	M	G	L	W	H	M	Z	C	I
R	A	H	I	J	J	X	A	B	E	Y	U	U	R	B
E	I	M	G	Ø	K	O	S	Y	S	T	E	M	N	A
D	R	O	N	N	I	N	G	B	U	S	Z	F	Z	H

VINGER
GAVNLIG
VOKS
SVÆRM
ØKOSYSTEM
BLOMST
BLOMSTER
FRUGT
RØG
HABITAT
INSEKT
HAVE
HONNING
MAD
PLANTER
POLLEN
DRONNING
HIVE
SOL

73 - Santé et Bien Être #2

E	U	T	V	X	Q	R	H	F	M	C	M	D	P	P
G	M	G	N	P	U	N	O	I	T	K	E	F	N	I
A	E	G	J	D	Q	G	S	S	E	R	T	S	I	B
S	D	N	U	S	V	U	P	I	K	F	K	G	X	H
S	Y	M	E	N	J	E	I	G	Y	H	A	N	Æ	Z
A	O	G	H	T	X	W	T	R	E	T	L	I	H	V
M	Q	H	D	G	I	T	A	E	F	B	O	N	Z	I
C	R	T	P	O	J	K	L	L	L	W	R	T	I	M
Q	B	A	E	J	M	D	O	L	B	L	I	E	S	O
E	N	E	R	G	I	J	G	A	U	E	E	R	G	T
E	R	N	Æ	R	I	N	G	T	I	T	E	P	P	A
D	E	H	Y	D	R	E	R	I	N	G	S	O	Y	N
L	E	G	E	M	E	D	N	T	B	Q	U	N	K	A
V	I	T	A	M	I	N	D	M	D	A	E	E	S	F
H	S	O	B	Z	F	F	V	Z	A	N	X	G	N	U

ALLERGI
ANATOMI
APPETIT
KALORIE
LEGEME
DEHYDRERING
ENERGI
GENETIK
HOSPITAL
HYGIEJNE
INFEKTION
SYGDOM
MASSAGE
ERNÆRING
VÆGT
GENOPRETNING
SUND
BLOD
STRESS
VITAMIN

74 - Conduite

M	G	J	S	T	K	P	P	N	I	N	O	T	A	H
N	P	A	S	O	H	Q	O	J	X	B	A	Y	W	A
F	O	C	R	O	O	O	V	L	I	B	S	L	T	S
I	Z	U	E	A	P	K	E	E	I	Z	H	A	T	T
S	C	V	S	U	G	K	J	K	B	T	L	S	R	I
P	M	F	M	L	U	E	B	Y	S	R	I	T	A	G
T	B	Z	E	Y	U	E	C	C	Q	O	F	B	F	H
R	U	D	R	K	P	T	F	R	G	P	L	I	I	E
O	E	N	B	K	A	Q	G	O	D	S	E	L	K	D
K	J	D	N	E	R	A	F	T	S	N	E	C	I	L
G	V	L	H	E	W	V	P	O	A	A	C	R	B	W
M	O	T	O	R	L	K	E	M	G	R	Q	V	P	J
F	O	D	G	Æ	N	G	E	R	D	T	G	H	R	V
S	I	K	K	E	R	H	E	D	H	L	U	R	R	F
G	X	K	S	W	K	B	R	Æ	N	D	S	T	O	F

ULYKKE
LASTBIL
BRÆNDSTOF
KORT
FARE
BREMSER
GARAGE
GAS
LICENS
MOTOR
MOTORCYKEL
FODGÆNGER
POLITI
VEJ
SIKKERHED
TRAFIK
TRANSPORT
TUNNEL
HASTIGHED
BIL

75 - Plantes

Q	B	E	G	X	H	J	R	B	W	H	Z	W	E	E
C	Ø	P	Ø	Q	T	F	G	Æ	Y	A	R	O	L	F
K	N	G	D	A	S	A	R	R	X	V	O	K	S	O
Y	N	R	N	T	Y	H	Æ	L	O	E	S	K	O	V
P	E	O	I	K	B	T	S	M	O	L	B	L	Ø	V
N	F	D	N	N	I	B	F	K	D	V	U	Z	D	V
V	Z	L	G	N	T	N	D	A	I	A	G	B	N	E
M	E	M	B	G	X	O	A	K	X	N	T	U	L	G
L	O	D	F	D	P	C	L	T	Q	D	X	S	O	E
D	R	S	B	T	R	Æ	B	U	O	A	P	K	Q	T
L	T	A	T	E	E	N	N	S	U	B	M	A	B	A
O	Z	U	T	C	N	R	O	L	C	D	X	D	M	T
H	X	D	V	R	E	D	R	J	O	X	E	G	D	I
Z	N	W	U	O	U	J	K	U	V	O	Q	B	Y	O
R	T	U	C	C	N	X	A	I	D	R	N	H	L	N

TRÆ
BÆR
BAMBUS
BOTANIK
BUSK
KAKTUS
GØDNING
LØV
BLOMST
FLORA
SKOV
VOKSE
BØNNE
GRÆS
HAVE
VEDBEND
MOS
KRONBLAD
ROD
VEGETATION

76 - Ferme #2

E	C	L	I	O	X	S	E	Y	X	K	S	U	O	N
I	A	G	A	M	M	R	N	M	K	U	V	V	Y	M
W	Y	L	P	N	L	A	G	G	Z	N	Z	N	I	J
O	K	B	Y	G	D	G	D	A	F	S	U	H	X	G
H	N	Q	C	Q	G	M	N	S	V	T	G	U	R	F
A	Y	M	Æ	L	K	A	A	T	J	V	Z	H	E	N
I	Q	R	Å	F	L	L	N	N	N	A	Z	V	I	Q
E	C	O	D	E	A	Q	F	Ø	D	N	L	E	R	F
B	G	T	Z	E	M	D	Y	R	A	D	A	D	J	B
U	E	K	O	Y	A	Z	K	G	T	I	D	E	R	H
E	V	A	H	T	G	U	R	F	M	N	E	Z	A	J
W	W	R	U	N	J	R	R	X	M	G	F	E	R	M
Y	M	T	B	I	K	U	B	E	O	O	K	J	C	S
F	Z	I	D	G	Q	K	H	J	Z	C	Q	Q	R	L
X	A	C	S	C	U	D	F	S	N	M	A	J	S	B

LAM
LANDMAND
DYR
HYRDE
HVEDE
AND
FRUGT
LADE
KUNSTVANDING
MÆLK
LAMA
GRØNTSAG
MAJS
FÅR
MAD
BYG
ENG
BIKUBE
TRAKTOR
FRUGTHAVE

77 - Vacances #2

O	U	S	X	L	T	E	L	T	S	O	B	T	U	R
R	K	T	V	U	G	G	X	A	S	T	R	O	K	Z
V	G	R	F	F	V	T	U	S	K	R	R	G	E	U
P	N	O	I	T	A	N	I	T	S	E	D	A	O	F
C	I	P	V	H	H	A	P	Ø	M	D	V	F	N	N
P	P	S	Y	A	V	R	X	I	A	E	I	X	O	D
F	M	N	X	V	X	U	A	F	U	L	P	L	V	B
R	A	A	M	N	F	A	S	E	D	L	V	A	T	R
I	C	R	D	B	S	T	T	R	L	I	O	S	S	W
T	T	T	S	C	I	S	O	I	Æ	B	W	U	A	S
I	V	G	T	K	F	E	L	E	N	V	I	S	U	M
D	J	M	P	O	B	R	F	S	D	Z	W	F	O	T
K	I	X	L	C	G	M	I	J	I	Q	F	F	L	T
H	O	T	E	L	A	Y	I	E	N	T	T	V	H	I
D	Y	U	N	C	A	X	N	R	G	I	F	B	N	B

LUFTHAVN
CAMPING
KORT
DESTINATION
UDLÆNDING
HOTEL
FRITID
HAV
PAS
BILLEDER
STRAND
RESTAURANT
TAXA
TELT
TOG
TRANSPORT
FERIE
VISUM
REJSE

78 - Temps

M	F	R	E	M	T	I	D	N	Å	F	Ø	R	K	B
G	Å	Å	R	U	W	L	O	P	R	U	T	E	G	U
X	U	N	E	G	R	O	M	G	H	K	T	T	S	D
Å	R	W	E	F	N	M	R	E	U	G	F	F	N	L
P	R	I	W	D	L	U	W	X	N	T	G	E	A	K
P	A	T	G	O	Z	Q	X	M	D	A	I	B	R	O
U	R	S	I	L	Q	R	E	I	R	N	L	M	T	F
D	A	G	W	I	Z	A	J	D	E	T	R	F	E	H
A	Y	I	L	D	U	J	W	D	D	T	Å	W	N	O
K	A	L	E	N	D	E	R	A	E	T	T	B	K	B
H	L	J	L	O	J	E	T	G	M	I	N	U	T	S
I	G	Å	R	A	D	Y	Z	I	W	O	D	G	Z	U
M	N	X	K	S	D	Q	K	H	D	X	R	Q	P	C
R	X	X	C	I	Q	D	Z	U	V	V	I	X	N	A
S	B	O	C	G	I	O	B	K	C	U	I	L	A	I

ÅR
ÅRLIG
EFTER
FØR
SNART
KALENDER
ÅRTI
FREMTID
TIME
I GÅR
UR
DAG
NU
MORGEN
MIDDAG
MINUT
MÅNED
NAT
UGE
ÅRHUNDREDE

79 - Maison

R	E	L	G	Ø	N	P	X	W	U	X	H	Q	L	I
E	Y	C	O	W	J	E	O	D	M	E	F	A	C	X
G	Q	C	X	F	Z	R	E	P	M	A	L	M	V	Q
S	P	E	J	L	T	A	G	Æ	V	L	I	K	T	E
J	H	E	G	N	S	S	A	L	K	R	D	R	Æ	Z
E	I	O	I	F	O	V	R	E	S	U	R	B	P	J
P	A	Z	L	W	K	G	A	U	S	C	R	R	P	D
Q	Z	O	Q	G	E	Q	G	R	M	P	C	V	E	E
I	Z	K	V	A	T	K	Ø	K	K	E	N	D	M	W
X	C	H	H	R	O	F	J	U	J	D	X	Ø	W	U
T	A	G	M	D	I	H	O	H	N	J	L	R	T	I
H	U	D	A	I	L	B	G	L	V	I	N	D	U	E
X	R	W	F	N	B	V	Æ	R	E	L	S	E	K	Q
R	J	R	B	E	I	A	W	Z	U	T	C	E	K	Z
B	K	U	B	R	B	Y	R	P	W	K	Y	V	P	E

KOST
BIBLIOTEK
VÆRELSE
PEJS
NØGLER
HEGN
KØKKEN
BRUSER
VINDUE
GARAGE
LOFTSRUM
HAVE
LAMPE
SPEJL
VÆG
LOFT
DØR
GARDINER
TÆPPE
TAG

80 - Légumes

V	L	Z	Q	Y	J	Y	Q	Z	I	K	A	O	H	L
H	A	I	R	E	L	L	E	S	E	A	U	S	V	L
S	K	A	L	O	T	T	E	L	Ø	G	B	P	I	Ø
M	T	D	K	O	K	S	I	T	R	A	E	I	D	G
A	A	O	H	D	C	U	G	X	I	G	R	N	L	P
G	L	J	G	K	B	C	K	Q	K	R	G	A	Ø	E
U	A	R	R	P	O	J	O	E	Q	Æ	I	T	G	R
R	S	Æ	A	O	D	L	B	R	H	S	N	A	K	S
K	I	F	Y	D	E	C	G	P	B	K	E	M	E	I
B	H	E	L	O	I	O	D	M	Y	A	B	O	T	L
L	N	G	C	R	K	S	O	A	G	R	L	T	V	L
Y	A	N	T	E	O	N	E	V	I	L	O	A	Z	E
M	I	I	B	L	Æ	R	T	S	G	Y	M	R	G	Z
V	R	Q	O	U	F	A	P	G	E	L	L	K	Y	L
R	X	M	Y	G	X	M	Y	V	B	E	J	V	H	K

HVIDLØG
ARTISKOK
AUBERGINE
BROCCOLI
GULEROD
SELLERI
SVAMP
GRÆSKAR
AGURK
SKALOTTELØG
SPINAT
INGEFÆR
MAJROE
LØG
OLIVEN
PERSILLE
ÆRT
RADISE
SALAT
TOMAT

81 - Famille

B	V	S	O	F	F	Z	O	L	V	U	H	V	O	A
N	W	D	T	M	K	A	U	K	X	J	O	T	K	N
B	B	C	N	K	M	O	D	N	R	A	B	F	B	E
O	P	J	A	I	X	X	N	E	B	B	F	A	E	V
B	D	T	N	E	R	E	A	N	R	Ø	B	R	D	Ø
M	G	R	O	M	D	L	M	M	E	L	X	W	S	H
Q	K	Z	Z	R	G	G	R	P	T	E	I	P	T	F
X	B	C	B	M	E	T	N	A	T	K	L	G	E	O
G	V	N	N	A	O	L	I	N	Æ	N	X	F	F	R
K	O	N	E	R	R	R	E	H	F	O	G	X	A	F
M	Ø	D	R	E	S	N	C	B	R	O	R	Z	R	A
P	R	U	T	T	J	R	E	T	T	A	D	M	X	D
N	O	F	L	S	B	E	D	S	T	E	M	O	R	E
O	K	B	Z	Ø	U	T	X	G	J	V	T	Q	N	R
C	Z	E	F	S	F	P	F	S	T	D	T	W	L	C

FORFADER
FÆTTER
BARNDOM
BARN
BØRN
KONE
DATTER
BROR
BEDSTEMOR
BEDSTEFAR
MAND
MØDRES
MOR
NEVØ
NIECE
ONKEL
FADERLIG
FAR
SØSTER
TANTE

82 - Oiseaux

V	J	M	N	N	X	A	Y	V	N	U	R	G	Å	S
Q	F	Q	Q	O	F	Q	K	R	O	T	S	V	Æ	D
M	M	S	U	C	P	O	R	U	E	Y	W	L	Z	U
Q	P	Y	I	D	D	N	A	P	T	E	K	N	S	R
I	L	E	N	A	V	S	G	S	V	U	Q	U	J	T
F	I	J	L	V	S	X	E	F	L	L	N	F	Z	S
K	K	Ø	F	I	L	V	Y	L	O	Y	S	T	P	H
N	U	G	Ø	G	K	S	D	A	M	Å	G	E	Å	D
L	V	E	B	R	G	A	A	M	P	D	K	L	F	J
Y	K	P	K	C	N	G	N	I	L	L	Y	K	U	V
O	Z	A	V	N	I	V	G	N	I	P	V	W	G	U
Q	Z	P	H	E	J	R	E	G	U	R	Z	N	L	J
C	C	P	F	N	A	C	U	O	T	A	P	W	H	J
E	Q	J	D	D	W	H	A	B	U	M	D	U	E	Z
J	G	L	G	S	O	J	E	X	Z	K	W	Y	Y	G

ØRN
STRUDS
AND
STORK
DUE
KRAGE
GØG
SVANE
FLAMINGO
HEJRE

PINGVIN
SPURV
MÅGE
ÆG
GÅS
PÅFUGL
PAPEGØJE
PELIKAN
KYLLING
TOUCAN

83 - Disciplines Scientifiques

A	R	K	Æ	O	L	O	G	I	O	Y	I	P	X	M
B	L	I	N	G	V	I	S	T	I	K	M	S	Y	I
O	I	G	O	L	O	E	G	X	G	B	M	Y	F	N
I	M	O	N	O	R	T	S	A	O	O	U	K	S	E
F	E	I	L	A	M	X	N	B	L	T	N	O	A	R
Y	K	G	X	O	N	E	Q	U	O	A	O	L	T	A
S	O	O	E	V	G	A	K	R	O	N	L	O	N	L
I	I	L	F	S	I	I	T	A	Z	I	O	G	E	O
O	B	O	A	S	G	E	K	O	N	K	G	I	U	G
L	L	R	R	H	O	C	L	F	M	I	I	V	R	I
O	S	O	W	C	L	Z	K	B	N	I	K	L	O	J
G	T	E	R	M	O	D	Y	N	A	M	I	K	L	T
I	B	T	H	G	K	G	C	N	F	E	R	D	O	E
T	Z	E	G	J	Ø	M	L	O	T	K	R	I	G	M
C	U	M	S	O	C	I	O	L	O	G	I	D	I	R

ANATOMI
ARKÆOLOGI
ASTRONOMI
BIOKEMI
BIOLOGI
BOTANIK
KEMI
ØKOLOGI
GEOLOGI
IMMUNOLOGI
LINGVISTIK
MEKANIK
METEOROLOGI
MINERALOGI
NEUROLOGI
FYSIOLOGI
PSYKOLOGI
SOCIOLOGI
TERMODYNAMIK
ZOOLOGI

84 - Maladie

L	X	A	Q	T	H	W	L	V	U	A	F	K	T	G
L	N	B	M	E	Q	G	E	I	L	F	Z	T	I	J
E	E	D	V	R	U	K	S	I	N	O	R	K	G	C
G	U	O	L	A	Z	N	S	Y	N	D	R	O	M	S
E	R	M	U	P	M	O	S	T	I	M	S	R	O	V
M	O	I	M	I	K	G	I	L	E	V	R	A	R	A
E	P	N	B	E	S	L	E	D	N	Æ	T	E	B	G
J	A	A	A	A	D	E	H	D	N	U	S	I	M	H
N	T	L	L	N	Q	R	E	I	G	R	E	L	L	A
T	I	I	M	M	U	N	I	T	E	T	N	V	P	Q
P	U	L	M	O	N	A	L	K	R	S	I	W	Q	C
S	M	Z	S	O	V	K	S	I	T	E	N	E	G	M
V	E	Q	Y	S	Y	W	B	J	C	U	J	T	J	U
C	B	Y	L	U	F	T	V	E	J	E	O	H	Z	G
W	E	L	L	N	E	S	S	M	J	X	I	W	D	D

ABDOMINAL
ALLERGIER
WELLNESS
KRONISK
SMITSOM
LEGEME
HJERTE
SVAG
GENETISK
ARVELIG

IMMUNITET
BETÆNDELSE
LUMBAL
NEUROPATI
KNOGLER
PULMONAL
LUFTVEJE
SUNDHED
SYNDROM
TERAPI

85 - Univers

J	N	N	A	A	A	U	C	A	G	A	G	Q	V	O
C	E	D	I	O	R	E	T	S	A	I	A	G	N	H
T	T	M	Q	R	K	T	V	T	V	Z	L	O	S	V
Q	Q	S	F	M	O	N	O	R	T	S	A	N	V	Z
V	R	E	V	H	L	O	S	O	F	A	K	V	Y	T
H	K	O	S	M	I	S	K	N	T	T	S	Q	S	S
Z	A	U	L	I	S	I	D	O	E	M	E	N	Å	M
B	Ø	L	S	D	E	R	K	M	L	O	D	Z	K	V
O	J	E	V	Æ	E	O	Z	I	E	S	G	O	P	U
D	D	M	Z	K	K	H	P	B	S	F	N	D	V	V
T	X	M	T	Q	U	V	B	R	K	Æ	Æ	I	J	E
I	T	I	P	R	Q	G	A	I	O	R	L	A	P	L
U	Q	H	S	I	W	V	L	T	P	E	R	C	J	W
C	Y	M	Ø	R	K	E	B	E	O	R	L	Y	R	J
B	R	E	D	D	E	G	R	A	D	R	N	X	Z	S

ASTEROIDE
ASTRONOM
ASTRONOMI
ATMOSFÆRE
HIMMEL
KOSMISK
ÆKVATOR
GALAKSE
HALVKUGLE
HORISONT
BREDDEGRAD
LÆNGDE
MÅNE
MØRKE
KREDSLØB
SOL
SOLHVERV
TELESKOP
SYNLIG
ZODIAC

86 - Géographie

O	M	P	L	D	P	Z	F	F	V	U	N	G	U	P
H	C	D	H	T	R	C	O	H	Y	T	X	V	N	J
A	R	E	L	N	F	W	Q	Q	K	X	S	R	S	P
L	U	S	A	L	T	A	M	P	S	E	T	D	F	Q
V	H	M	T	N	E	N	I	T	N	O	K	N	B	J
K	E	I	M	U	I	R	O	T	I	R	R	E	T	B
U	R	E	U	P	W	E	T	R	O	K	I	D	W	J
G	Y	V	V	D	A	R	G	E	D	D	E	R	B	E
L	N	H	E	O	X	C	B	Z	B	N	X	E	Z	R
E	Z	E	S	L	D	S	L	T	Y	I	A	V	S	G
H	A	V	T	F	V	K	Z	M	B	O	L	L	L	O
T	F	T	L	P	D	N	X	S	Y	D	F	L	N	C
D	F	U	O	C	M	E	R	I	D	I	A	N	Z	Z
B	V	C	I	T	H	Ø	J	D	E	F	Y	O	C	K
B	Y	Y	T	F	R	E	G	I	O	N	A	Ø	E	F

HØJDE
ATLAS
KORT
KONTINENT
FLOD
HALVKUGLE
BREDDEGRAD
HAV
MERIDIAN
VERDEN

BJERG
NORD
OCEAN
VEST
LAND
REGION
SYD
TERRITORIUM
BY

87 - Bâtiments

A	M	B	A	S	S	A	D	E	T	H	E	S	L	K
O	S	T	H	O	T	E	L	W	E	J	S	U	A	A
L	L	F	C	Y	N	O	I	D	A	T	S	P	B	B
A	O	A	N	S	F	T	L	E	T	E	Q	E	O	I
D	T	B	T	R	L	B	D	H	E	T	K	R	R	N
E	B	R	E	G	A	R	A	G	R	I	T	M	A	E
W	I	I	L	B	T	P	L	I	F	S	H	A	T	O
G	J	K	O	I	I	E	M	L	O	R	A	R	O	L
M	G	C	K	O	P	T	M	J	L	E	D	K	R	X
T	P	F	S	G	S	I	K	E	K	V	R	E	I	U
P	Å	H	M	R	O	R	K	L	W	I	N	D	U	Q
I	D	R	H	A	H	W	I	D	L	N	K	Y	M	F
M	U	K	N	F	R	G	O	A	F	U	T	Y	O	D
S	R	M	U	S	E	U	M	M	L	G	J	A	M	W
O	B	S	E	R	V	A	T	O	R	I	U	M	L	Z

AMBASSADE
LEJLIGHED
KABINE
SLOT
BIOGRAF
SKOLE
GARAGE
LADE
HOSPITAL
HOTEL
LABORATORIUM
MUSEUM
OBSERVATORIUM
STADION
SUPERMARKED
TELT
TEATER
TÅRN
UNIVERSITET
FABRIK

88 - Activités et Loisirs

Y	X	V	W	G	N	I	N	M	Ø	V	S	D	Q	R
F	O	G	G	N	I	P	P	O	H	S	I	L	K	F
I	Z	V	C	I	I	W	W	X	T	H	N	L	T	I
S	R	V	B	R	G	O	L	F	Z	V	N	A	Y	F
K	K	E	S	D	L	O	B	D	O	F	E	B	W	D
E	U	M	L	N	E	D	A	Z	G	E	T	T	K	U
R	N	S	U	A	Q	Y	B	M	N	E	N	E	U	E
I	S	U	M	V	M	K	K	M	I	X	L	K	Z	Y
I	T	R	E	E	D	N	E	P	P	A	L	S	F	A
O	J	F	B	H	K	I	N	T	M	Y	A	A	E	G
D	M	I	J	I	G	N	I	C	A	R	B	B	R	P
Q	Q	N	E	K	E	G	U	Y	C	Q	E	Y	E	Q
J	Q	G	B	O	K	S	N	I	N	G	S	O	J	P
V	O	L	L	E	Y	B	A	L	L	J	A	K	S	J
H	A	V	E	A	R	B	E	J	D	E	B	V	E	A

SHOPPING
KUNST
BASEBALL
BASKETBALL
BOKSNING
CAMPING
RACING
FODBOLD
GOLF
HAVEARBEJDE
SVØMNING
MALERI
FISKERI
DYKNING
VANDRING
AFSLAPPENDE
SURFING
TENNIS
VOLLEYBALL
REJSE

89 - Livres

E	U	S	E	R	I	E	E	O	G	B	P	A	D	I
I	V	I	X	A	O	V	U	F	J	V	T	D	U	G
R	R	E	L	L	Æ	T	R	O	F	C	N	R	A	S
O	K	G	N	I	L	M	A	S	N	J	N	P	L	Q
T	S	L	A	T	S	K	E	T	N	O	K	O	I	F
S	I	Y	M	X	Y	F	U	U	I	C	D	E	T	Y
I	T	C	O	R	Æ	R	E	T	T	I	L	S	E	S
H	S	F	R	E	T	T	A	F	R	O	F	I	T	I
K	I	W	S	L	G	K	L	A	G	Q	P	T	N	D
A	R	K	Y	X	H	G	O	Æ	V	K	Z	R	A	E
M	O	S	D	N	I	F	P	O	S	Z	I	A	V	D
S	M	I	K	I	I	V	N	A	H	E	R	G	E	L
M	U	P	C	Y	G	E	N	Q	Z	Z	R	I	L	B
N	H	E	H	J	M	T	U	K	J	P	N	S	E	G
H	I	S	T	O	R	I	S	K	K	H	Q	K	R	P

FORFATTER	LÆSER
EVENTYR	LITTERÆR
SAMLING	FORTÆLLER
KONTEKST	SIDE
DUALITET	RELEVANT
EPISK	DIGT
HISTORIE	POESI
HISTORISK	ROMAN
HUMORISTISK	SERIE
OPFINDSOM	TRAGISK

90 - Pays #2

T	Q	F	R	L	F	D	F	H	K	T	J	G	K	I
U	E	N	I	A	R	K	U	H	I	F	Y	C	Q	N
R	O	J	E	O	A	M	R	J	N	N	L	N	B	D
V	H	I	K	S	N	E	W	A	A	Y	N	E	K	O
G	N	S	C	X	K	X	D	P	M	P	A	E	K	N
H	A	I	T	I	R	I	O	A	D	N	A	G	U	E
X	T	T	Q	T	I	C	C	N	P	O	A	K	I	S
H	S	S	G	A	G	O	C	L	B	N	J	D	C	I
O	I	M	U	S	O	M	A	L	I	A	A	N	E	E
O	K	P	T	D	I	P	K	O	A	B	M	A	D	N
S	A	F	T	H	A	R	C	B	N	I	A	L	W	E
X	P	I	H	D	T	N	L	P	T	L	I	S	P	I
A	L	B	A	N	I	E	N	A	B	L	C	U	Z	R
I	Z	S	F	U	K	U	H	J	N	B	A	R	D	Y
K	I	K	O	U	H	K	W	V	N	D	X	L	Y	S

ALBANIEN
KINA
DANMARK
FRANKRIG
HAITI
INDONESIEN
IRLAND
JAMAICA
JAPAN
KENYA
LAOS
LIBANON
MEXICO
UGANDA
PAKISTAN
RUSLAND
SOMALIA
SUDAN
SYRIEN
UKRAINE

91 - Fournitures d'Art

K	R	E	A	T	I	V	I	T	E	T	P	B	L	W
V	T	A	B	E	L	H	T	J	Q	K	R	Ø	B	T
W	I	E	E	J	R	H	K	W	D	O	X	R	N	U
K	D	S	Y	I	G	D	H	D	M	O	E	S	P	W
J	A	Q	K	Æ	L	B	V	H	K	Z	U	T	S	Z
A	F	M	R	E	L	L	E	T	S	A	P	E	T	L
I	K	C	E	I	L	O	M	B	E	A	S	R	O	G
D	F	V	K	R	F	Æ	Y	R	M	K	T	E	L	V
E	W	C	A	S	A	H	D	D	W	R	A	V	U	I
E	L	E	R	R	Y	E	N	E	A	Y	F	R	K	P
R	Q	J	J	S	E	X	A	H	R	L	F	A	Æ	A
L	R	Y	K	G	E	L	V	X	F	X	E	F	R	P
I	R	E	T	N	A	Y	L	B	J	P	L	K	T	I
M	Z	E	V	N	X	J	S	E	Q	Z	I	Q	F	R
G	Y	U	O	G	C	G	W	D	R	X	J	F	I	A

AKRYL
AKVARELLER
LER
BØRSTER
KAMERA
STOL
TRÆKUL
STAFFELI
LIM
FARVER
BLYANTER
KREATIVITET
VAND
BLÆK
VISKELÆDER
OLIE
IDEER
PAPIR
PASTELLER
TABEL

92 - Eau

W	N	N	O	C	E	A	N	R	N	D	G	A	F	K
F	K	O	U	V	Y	L	Q	J	P	U	R	S	O	U
O	V	E	R	S	V	Ø	M	M	E	L	S	E	R	N
S	I	N	R	X	N	B	J	H	R	Y	B	I	D	S
T	B	S	J	X	P	O	O	Q	I	G	J	A	A	T
R	D	A	M	P	O	R	M	F	T	G	U	F	M	V
Ø	V	F	F	Q	O	L	I	B	S	E	U	D	P	A
M	E	W	I	J	D	O	Q	L	Ø	J	K	F	N	N
P	H	N	K	P	O	R	K	A	N	S	G	H	I	D
X	A	F	Z	T	L	E	R	N	G	E	I	U	N	I
J	X	B	K	I	F	S	S	A	E	R	T	S	G	N
F	R	O	S	T	J	U	V	K	R	S	G	R	T	G
Z	N	I	O	O	R	R	L	U	Z	I	U	T	T	U
D	C	R	X	F	S	B	O	H	P	J	F	D	I	R
B	Ø	L	G	E	R	L	F	N	N	G	U	K	M	I

KANAL
BRUSER
FORDAMPNING
FLOD
STRØM
FROST
GEJSER
IS
FUGTIG
FUGT
OVERSVØMMELSE
KUNSTVANDING
SØ
MONSUN
SNE
OCEAN
ORKAN
REGN
BØLGER
DAMP

93 - Jazz

E	R	E	N	T	S	N	U	K	B	R	N	P	Y	Y
F	H	M	O	Z	J	V	N	O	E	A	W	U	P	G
A	R	B	I	G	R	E	T	I	R	O	V	A	F	A
M	N	S	T	N	R	T	M	H	Ø	E	Q	S	B	M
E	J	I	A	I	E	R	Q	C	M	W	I	T	M	M
R	O	H	S	N	K	O	S	T	T	G	T	S	W	E
G	W	F	I	T	G	M	U	B	L	A	E	I	P	L
R	O	L	V	Æ	M	M	Q	T	Q	A	P	N	T	L
T	B	Z	O	S	R	E	T	S	E	K	R	O	R	L
A	O	A	R	N	A	R	I	Y	K	O	W	P	E	E
L	L	K	P	E	S	B	V	K	I	S	U	M	C	E
E	U	P	M	M	S	O	L	O	N	E	H	O	N	U
N	Z	Z	I	M	P	O	I	W	K	D	Q	K	O	A
T	V	K	T	A	N	Z	T	Y	E	T	S	R	K	Y
T	K	Y	S	S	E	Y	S	L	T	R	Y	T	M	E

ALBUM
KUNSTNER
BERØMT
SANG
KOMPONIST
SAMMENSÆTNING
KONCERT
FAVORITER
GENRE
IMPROVISATION
MUSIK
NY
ORKESTER
RYTME
SOLO
STIL
TALENT
TROMMER
TEKNIK
GAMMEL

94 - Paysages

J	T	W	P	V	E	O	C	W	A	B	Q	O	I	H
S	U	N	F	F	I	W	N	O	Q	Z	A	Q	P	U
G	N	I	D	N	U	M	D	O	L	F	O	K	R	L
V	D	Y	R	V	Q	R	H	A	L	V	Ø	S	K	E
F	R	A	B	X	I	E	Ø	R	K	E	N	S	J	E
N	A	M	Z	B	B	J	E	R	G	H	A	V	E	E
D	G	K	P	M	U	S	S	R	E	S	J	E	G	Q
K	V	M	G	U	S	T	A	H	O	T	K	A	G	O
S	G	D	Y	A	V	E	O	T	Q	R	D	H	K	R
L	T	Y	E	O	B	L	D	U	N	A	K	L	U	V
N	N	C	U	M	X	G	H	A	U	N	H	E	T	K
D	P	F	F	J	D	V	N	V	L	D	N	P	V	G
F	T	X	L	U	J	V	A	N	D	F	A	L	D	O
C	A	G	E	O	A	G	P	I	S	B	J	E	R	G
L	C	W	D	N	D	L	B	G	G	D	T	A	N	M

VANDFALD
BAKKE
ØRKEN
FLODMUNDING
FLOD
GEJSER
GLETSJER
HULE
ISBJERG
SØ
SUMP
HAV
BJERG
OASE
HALVØ
STRAND
TUNDRA
DAL
VULKAN

95 - Pays #1

T	Y	S	K	L	A	N	D	J	D	Y	V	B	W	R
P	V	E	N	E	Z	U	E	L	A	S	B	N	T	R
A	P	N	G	K	G	Q	T	W	P	Z	X	X	O	R
N	Y	O	E	N	R	E	N	I	P	P	I	L	I	F
A	A	X	L	I	L	L	U	M	T	H	S	M	C	I
M	Q	S	G	E	L	U	F	P	E	K	P	A	A	S
A	E	C	P	Y	N	I	O	M	B	O	A	R	N	R
A	F	G	H	A	N	I	S	T	A	N	N	O	A	A
F	I	N	L	A	N	D	M	A	W	E	I	K	D	E
R	U	M	Æ	N	I	E	N	W	R	Y	E	K	A	L
M	U	N	N	E	I	D	N	I	Y	B	N	O	O	G
P	B	T	Y	G	Q	X	T	A	Z	I	M	A	L	I
A	U	G	A	R	A	C	I	N	D	L	H	A	I	H
L	T	X	L	O	E	C	U	A	D	O	R	F	R	F
A	R	G	E	N	T	I	N	A	T	J	E	X	N	Y

AFGHANISTAN
TYSKLAND
ARGENTINA
BRASILIEN
CANADA
SPANIEN
ECUADOR
FINLAND
INDIEN
ISRAEL
LIBYEN
MALI
MAROKKO
NICARAGUA
NORGE
PANAMA
FILIPPINERNE
POLEN
RUMÆNIEN
VENEZUELA

96 - Nombres

S	M	K	F	X	P	Q	Z	D	I	B	A	G	I	X
F	E	T	T	O	R	I	N	E	T	T	E	R	T	E
R	R	K	L	Y	I	F	E	C	S	G	F	R	L	M
O	T	S	S	B	E	I	T	I	T	U	E	S	H	O
Z	Y	D	Y	D	X	W	T	M	E	F	F	H	P	S
F	V	Y	S	T	T	K	I	A	F	S	I	N	U	L
N	E	T	T	A	T	O	N	L	I	U	R	D	P	B
H	E	O	T	M	X	E	C	B	G	W	E	Y	C	N
B	A	L	W	N	C	Q	N	E	T	S	K	E	S	T
Z	I	V	T	C	Y	W	E	E	N	S	B	E	Z	K
N	M	X	X	W	S	B	T	B	T	M	E	F	H	H
M	C	G	K	F	V	H	R	C	B	M	S	E	N	I
F	E	N	P	H	B	W	O	V	K	O	E	Q	K	Y
I	W	Y	F	E	Y	O	J	D	F	O	D	F	J	Z
D	T	A	R	Y	B	O	F	B	M	O	V	N	V	F

FEM
TO
DECIMAL
TI
ATTEN
NITTEN
SYTTEN
TOLV
OTTE
NI
FJORTEN
FIRE
FEMTEN
SEKSTEN
SYV
SEKS
TRETTEN
TRE
TYVE
NUL

97 - Psychologie

V	O	K	K	M	E	B	O	G	E	M	C	Z	R	E
U	H	O	L	I	Y	M	P	D	R	Ø	M	M	E	R
R	S	N	I	D	R	Æ	F	D	A	S	E	L	S	F
D	E	F	N	E	E	L	A	T	F	A	L	R	L	A
E	N	L	I	H	K	F	T	W	N	C	B	Z	E	R
R	S	I	S	G	N	H	T	Y	V	S	O	R	L	I
I	A	K	K	I	A	Z	E	A	U	P	R	I	Ø	N
N	T	T	T	L	T	Y	L	Z	V	I	P	O	F	G
G	I	I	S	E	R	V	S	T	K	E	P	U	X	E
H	O	W	R	K	X	I	E	M	I	K	W	E	T	R
O	N	S	J	R	O	O	C	H	D	L	N	A	E	A
P	T	S	D	I	V	E	B	R	E	D	N	U	R	G
H	B	H	R	V	Z	K	X	G	E	L	X	O	A	F
R	B	A	R	N	D	O	M	K	R	P	R	A	P	Y
P	E	R	S	O	N	L	I	G	H	E	D	O	I	Z

KLINISK
ADFÆRD
KONFLIKT
EGO
BARNDOM
ERFARINGER
FØLELSER
VURDERING
IDEER
TANKER
OPFATTELSE
PERSONLIGHED
PROBLEM
AFTALE
VIRKELIGHED
DRØMME
SENSATION
UNDERBEVIDST
TERAPI

98 - Chimie

A	L	K	A	L	I	S	K	M	N	G	K	N	R	I
B	R	I	N	T	L	I	N	O	I	T	A	L	A	U
J	Q	X	Z	X	M	B	K	L	N	G	P	S	O	C
A	C	W	U	A	H	E	X	E	Z	Æ	K	O	M	R
E	T	F	C	J	I	Y	L	K	P	V	Y	O	A	E
L	T	O	R	O	T	A	S	Y	L	A	T	A	K	L
E	E	T	M	U	J	I	L	L	T	R	F	C	J	L
K	M	S	G	A	P	Y	D	E	E	M	B	E	M	A
T	P	L	U	X	R	Z	U	R	I	E	H	N	D	T
R	E	U	K	C	V	H	R	Y	V	J	I	Z	C	E
O	R	K	W	X	Æ	P	N	S	S	D	I	Y	P	M
N	A	B	X	W	S	S	A	L	T	V	D	M	J	Z
U	T	A	K	X	K	A	U	N	A	F	D	C	B	X
I	U	L	R	D	E	S	V	N	Z	V	X	I	U	B
D	R	M	Q	I	P	A	N	P	J	R	I	X	I	R

SYRE
ALKALISK
ATOMAR
KULSTOF
KATALYSATOR
VARME
KLOR
ENZYM
ELEKTRON
GAS
BRINT
ION
VÆSKE
METALLER
MOLEKYLE
ILT
VÆGT
SALT
TEMPERATUR

99 - Bateaux

M	K	R	E	D	N	T	H	C	A	Y	A	T	F	O
N	A	G	R	D	R	B	E	T	D	N	Q	V	L	C
A	D	S	O	N	A	K	T	H	P	J	K	Q	O	E
U	B	I	T	A	S	E	J	L	B	Å	D	E	D	A
T	J	L	O	M	P	J	B	H	A	G	N	S	R	N
I	C	O	M	Ø	H	Ø	F	I	K	J	A	Y	S	Ø
S	F	E	F	S	I	B	J	B	S	S	V	A	H	N
K	O	L	Æ	E	L	V	C	N	D	M	E	V	W	L
G	M	H	R	Q	A	N	F	W	N	Q	D	R	H	L
Z	U	H	G	E	J	D	M	E	A	W	I	C	I	U
Z	A	I	E	A	G	M	V	V	M	Z	T	F	H	Z
O	G	P	B	V	O	L	T	B	L	Z	M	W	C	X
R	J	D	X	A	Z	W	Ø	G	C	D	D	X	X	P
E	M	Y	J	H	X	I	A	B	K	A	J	A	K	K
B	T	Ø	M	M	E	R	F	L	Å	D	E	T	N	Y

ANKER
BØJE
KANO
REB
MANDSKAB
FÆRGE
FLOD
KAJAK
SØ
TIDEVAND
SØMAND
MAST
HAV
MOTOR
NAUTISK
OCEAN
TØMMERFLÅDE
BØLGER
SEJLBÅD
YACHT

100 - Mesures

K	N	X	Z	T	G	R	C	I	D	H	S	R	O	S
L	P	N	C	W	E	D	L	Æ	N	G	D	E	U	Q
V	W	R	E	V	Æ	G	T	U	N	I	M	T	N	S
X	X	J	N	D	K	E	G	V	O	F	O	E	C	D
O	K	S	T	A	J	I	H	R	T	G	B	M	E	Y
A	H	D	I	R	X	Ø	L	G	A	Z	W	A	S	B
J	F	G	M	G	Q	N	H	O	P	Z	B	R	S	D
T	Q	P	E	T	Y	B	K	E	G	J	E	G	A	E
B	X	Z	T	M	Z	J	Y	D	T	R	L	X	M	Q
R	F	S	E	H	M	L	I	T	E	R	A	R	L	I
E	P	A	R	D	Z	O	Q	A	L	W	M	M	C	E
D	I	G	U	G	H	S	T	I	P	R	I	P	C	B
D	N	K	I	L	O	M	E	T	E	R	C	Q	H	M
E	T	T	H	F	O	H	P	Y	X	D	E	A	Z	X
U	I	P	J	F	X	J	J	M	K	T	D	L	M	U

CENTIMETER
GRAD
DECIMAL
GRAM
HØJDE
KILOGRAM
KILOMETER
BREDDE
LITER
LÆNGDE
MASSE
METER
MINUT
BYTE
OUNCE
PINT
VÆGT
TOMME
DYBDE
TON

1 - Adjectifs #2

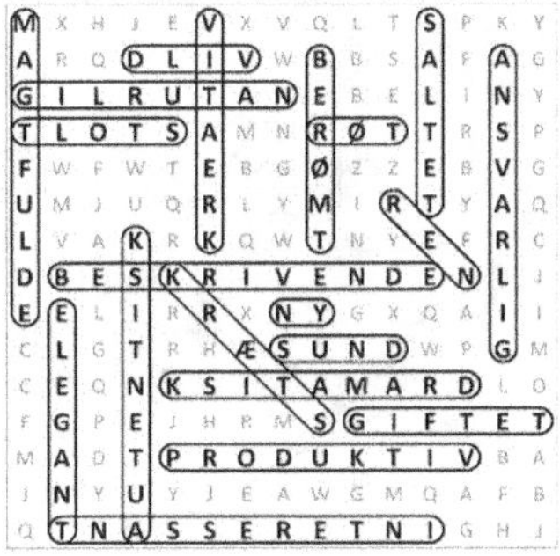

2 - Formes

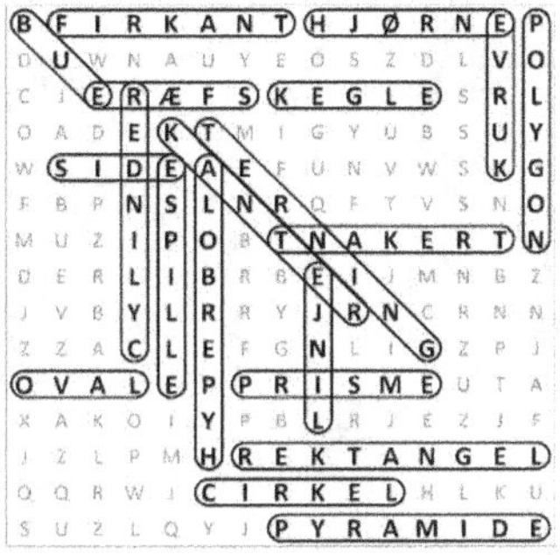

3 - Force et Gravité

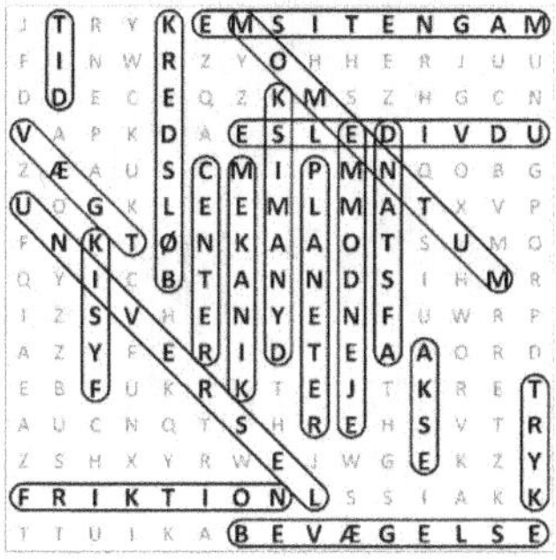

4 - Adjectifs #1

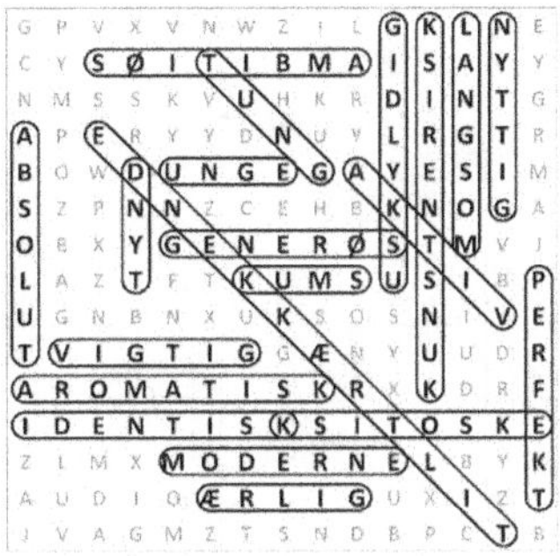

5 - Instruments de Musique

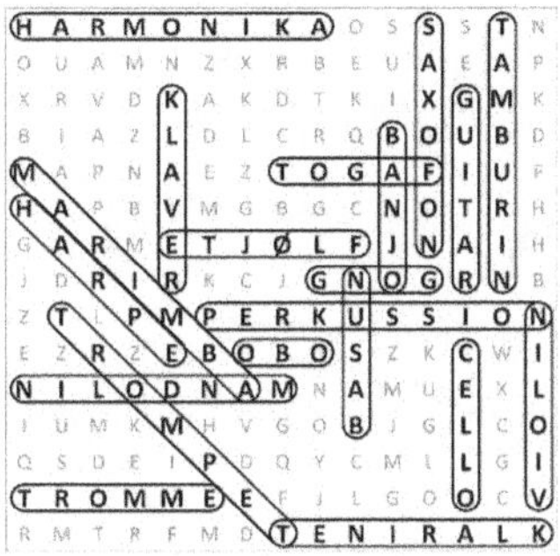

6 - Herboristerie

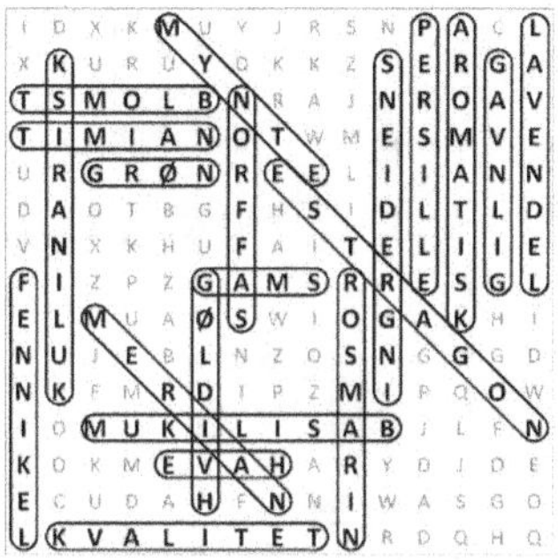

7 - Photographie

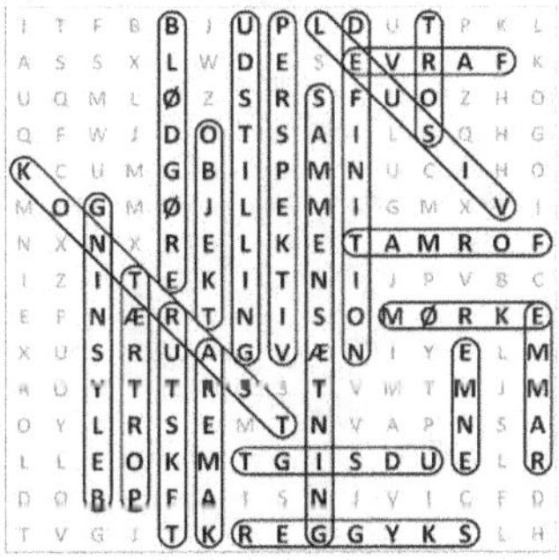

8 - Véhicules

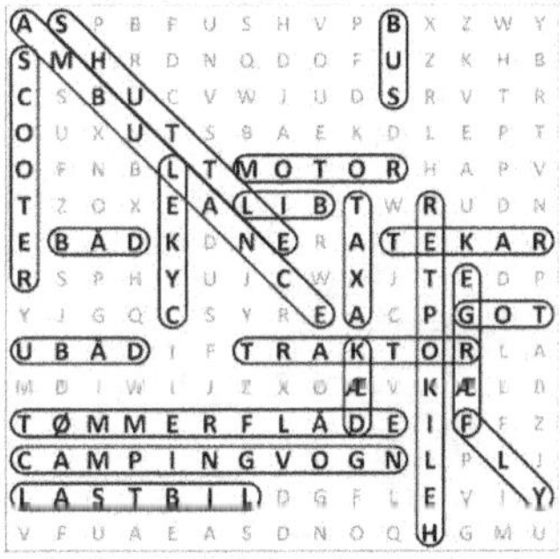

9 - Camping

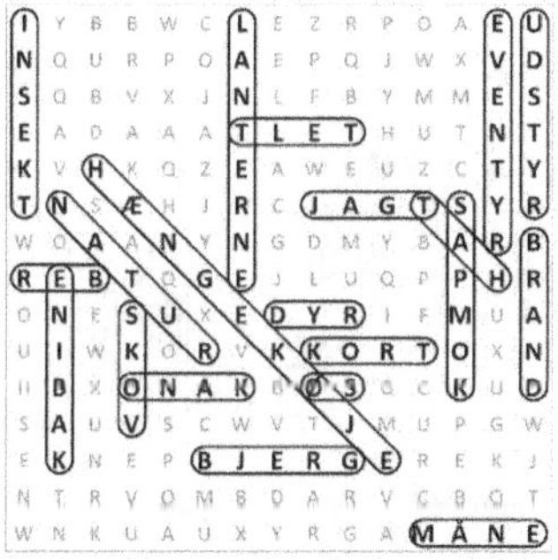

10 - Écologie

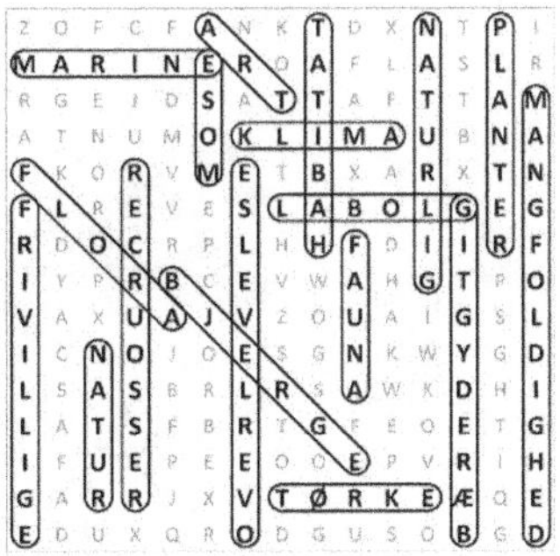

11 - Géométrie

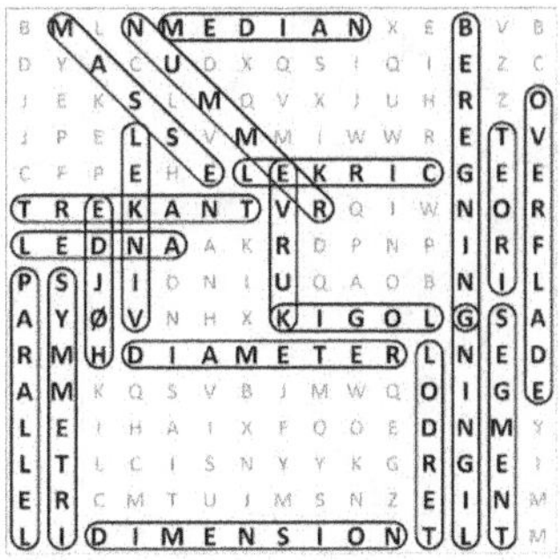

12 - Les Médias

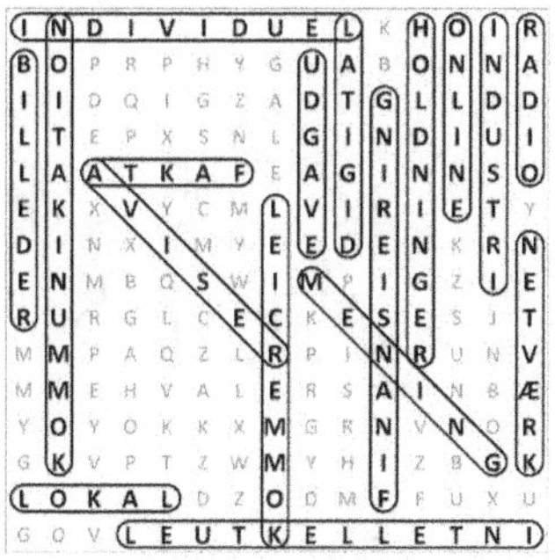

13 - Diplomatie

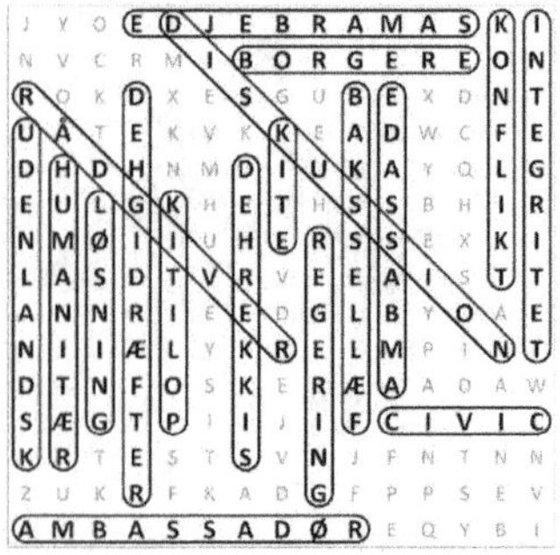

14 - Astronomie

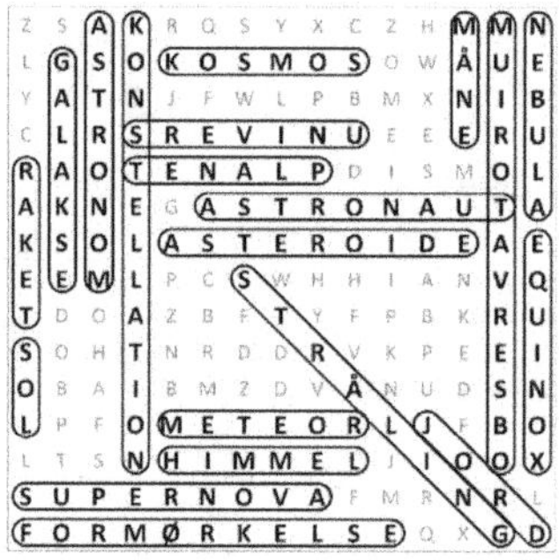

15 - Physique

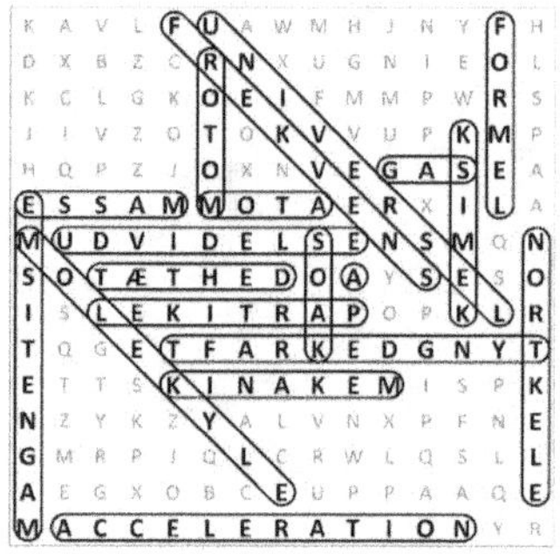

16 - Types de Cheveux

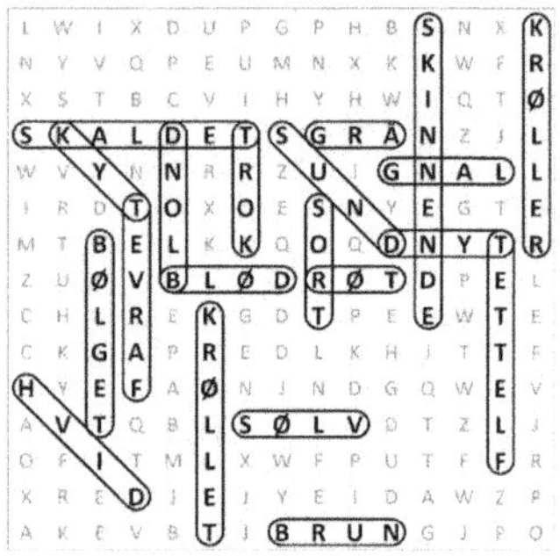

17 - Archéologie

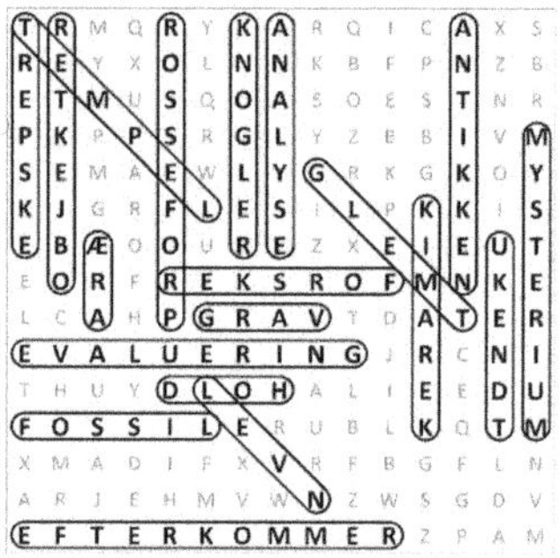

18 - Mammifères

19 - Chocolat

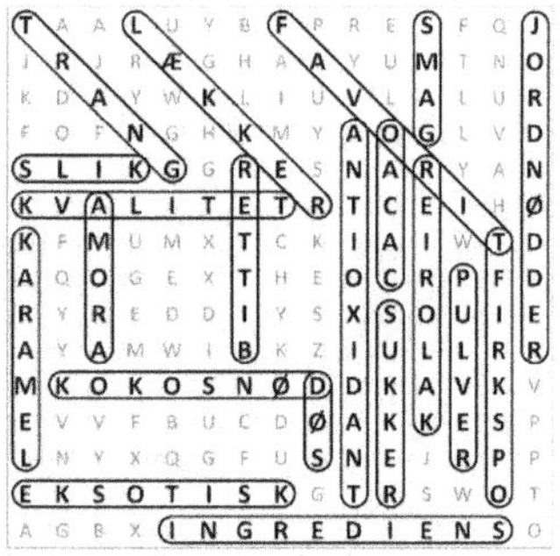

20 - Mathématiques

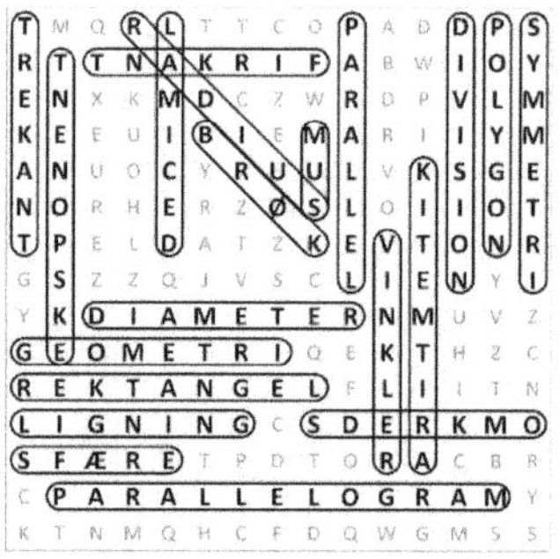

21 - Mythologie

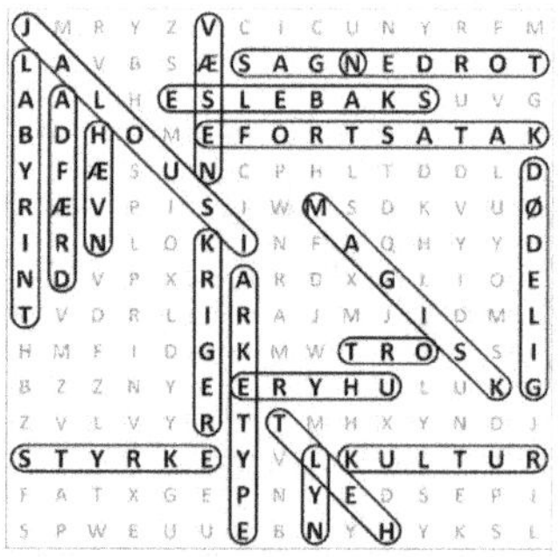

22 - Restaurant #2

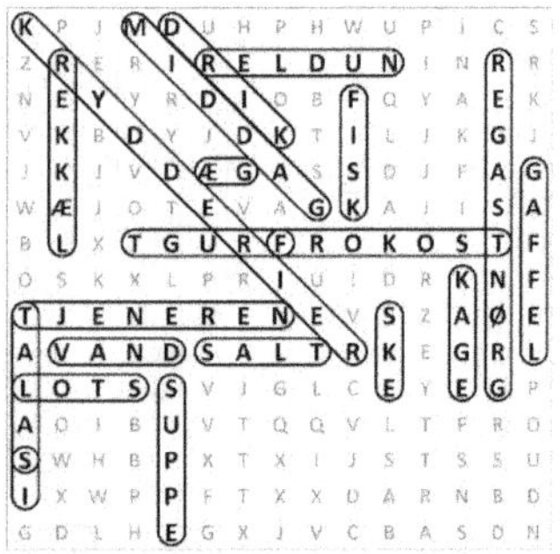

23 - Beauté

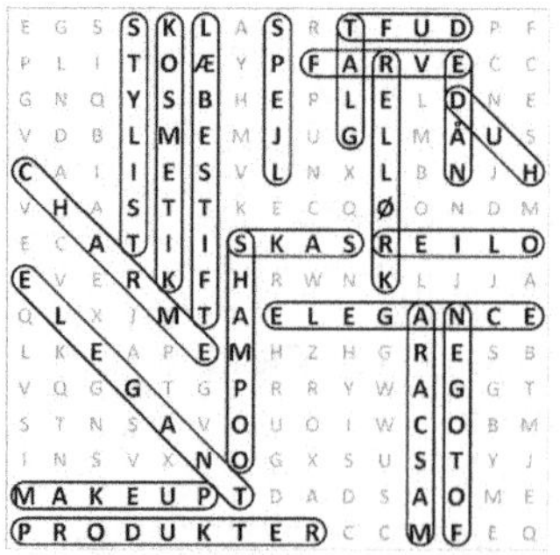

24 - Avions

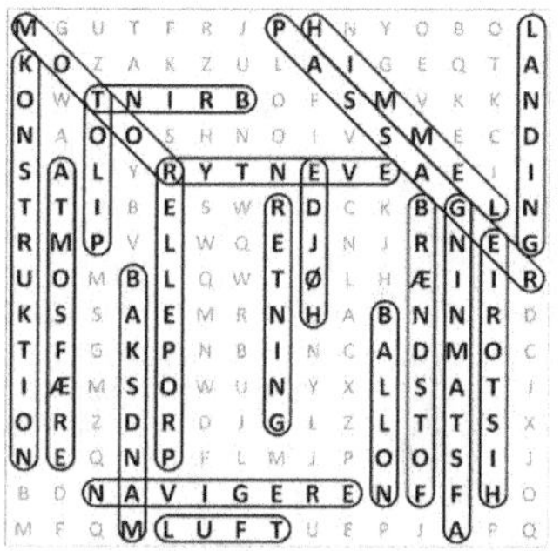

25 - Aventure

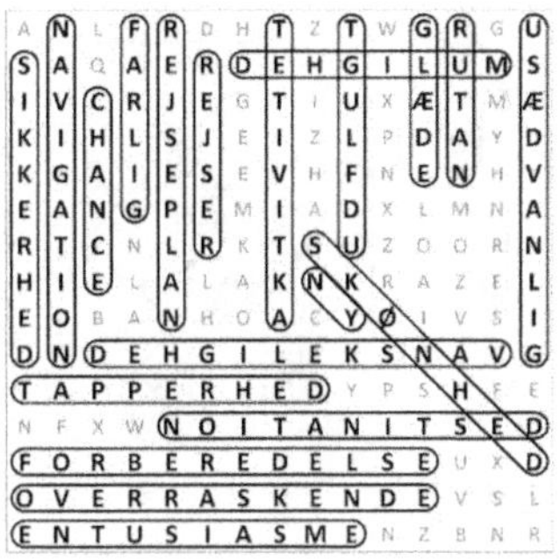

26 - Ville

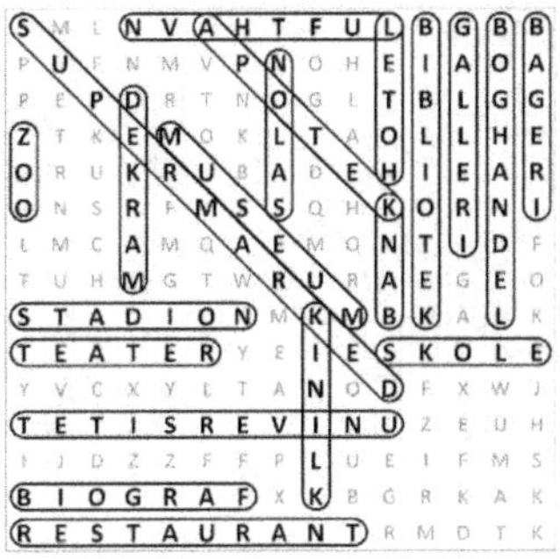

27 - Ingénierie

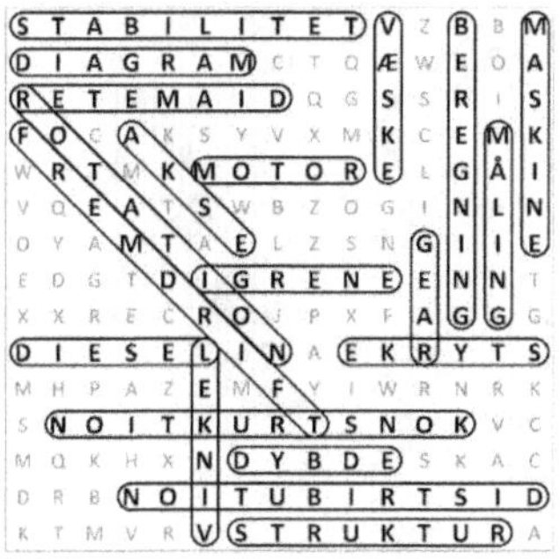

28 - Énergie

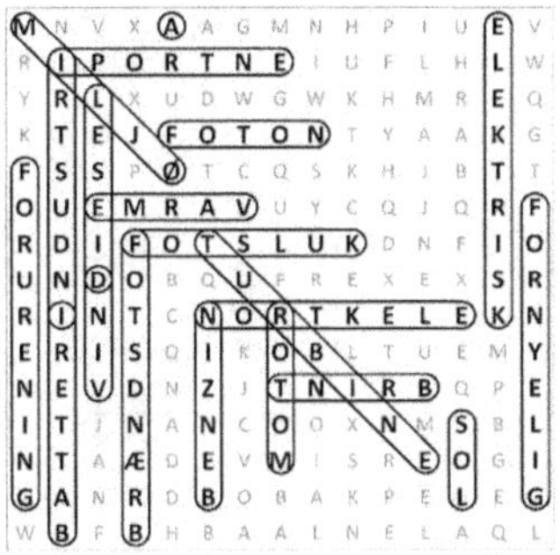

29 - Cuisine

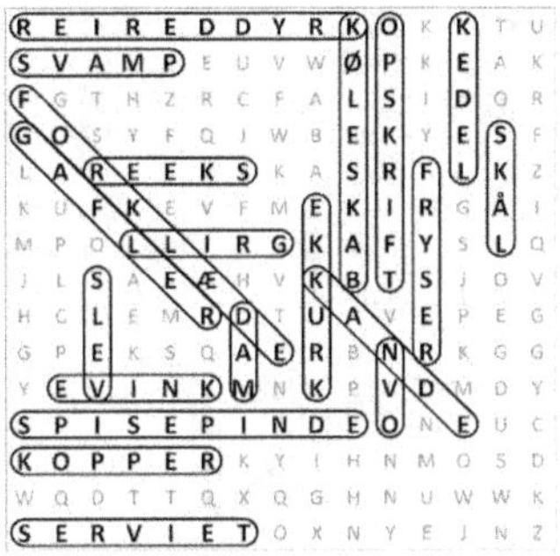

30 - Corps Humain

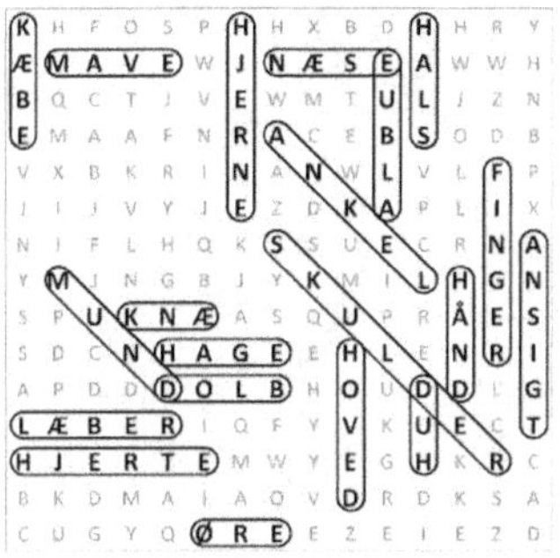

31 - Biologie

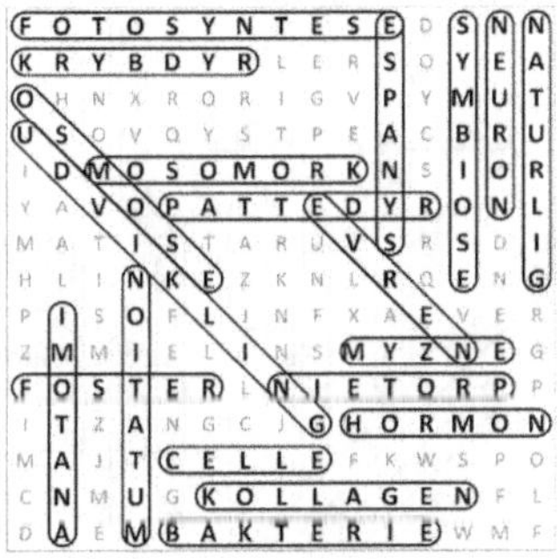

32 - Épices

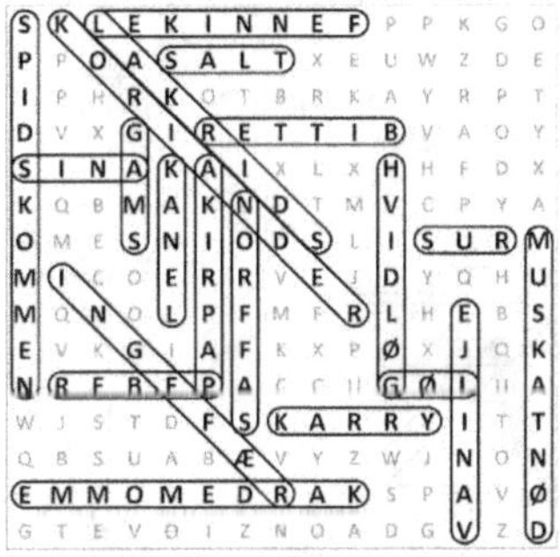

33 - Agronomie

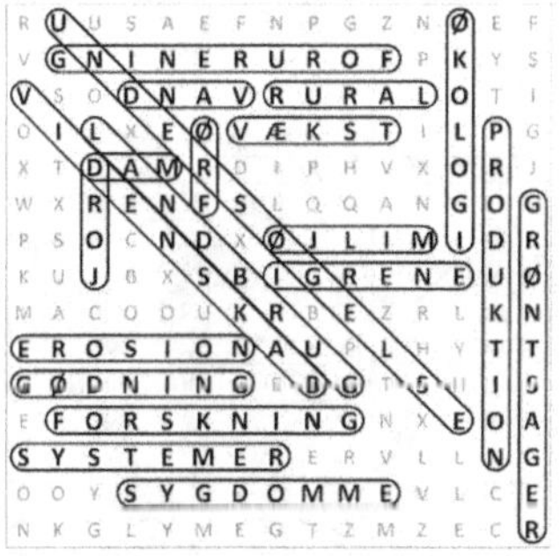

34 - Science

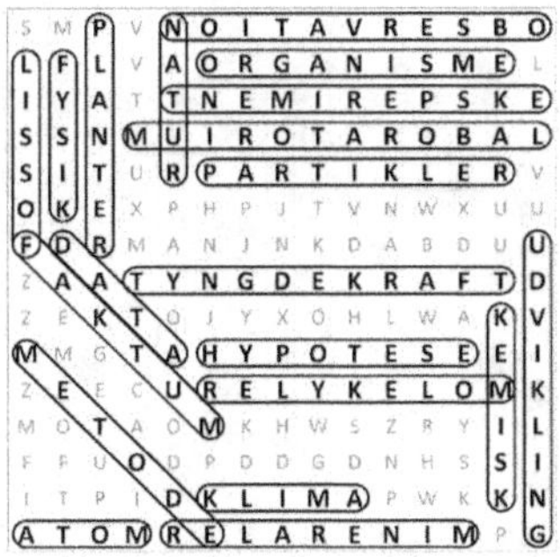

35 - Vêtements

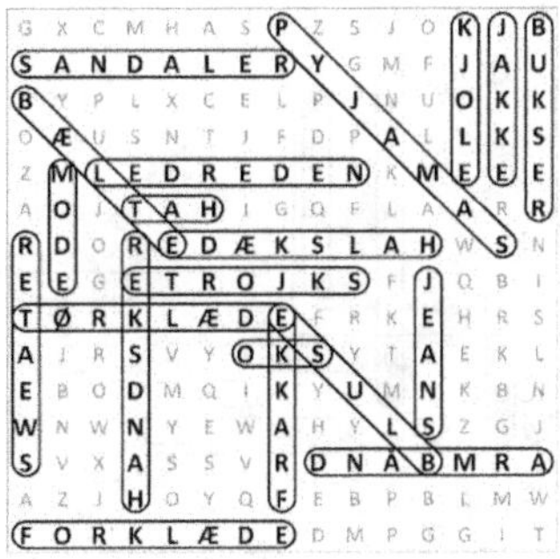

36 - Arts Visuels

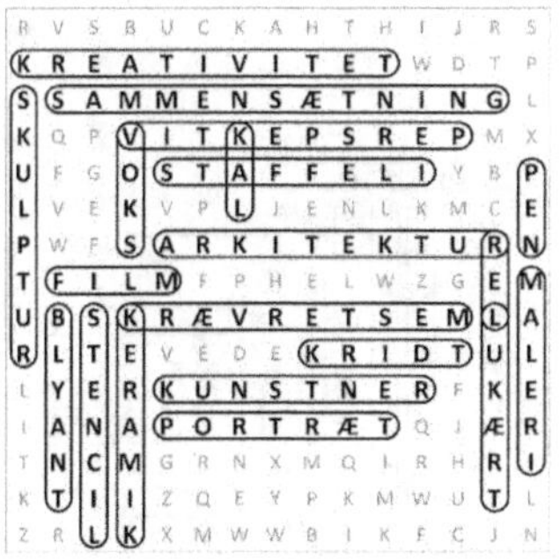

37 - Méditation

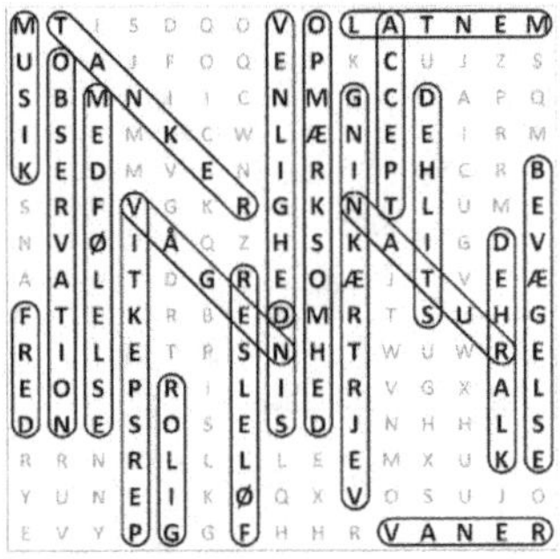

38 - Littérature

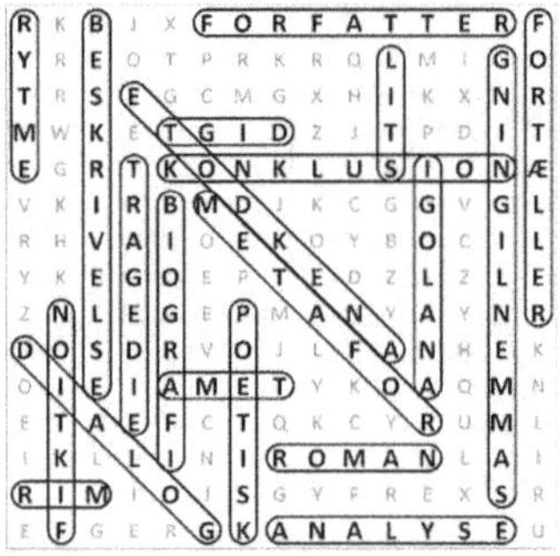

39 - Nourriture #1

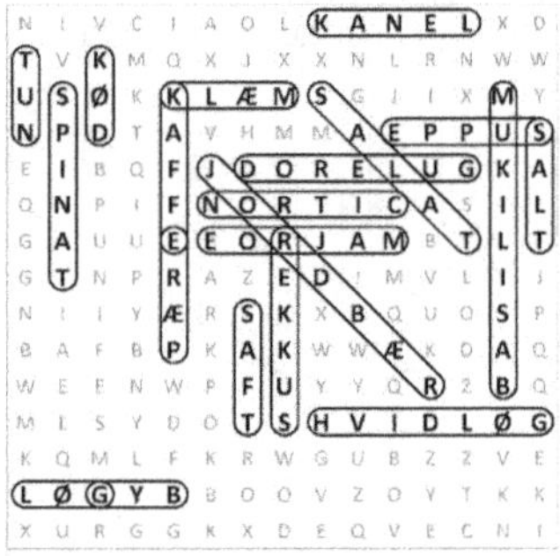

40 - Jours et Mois

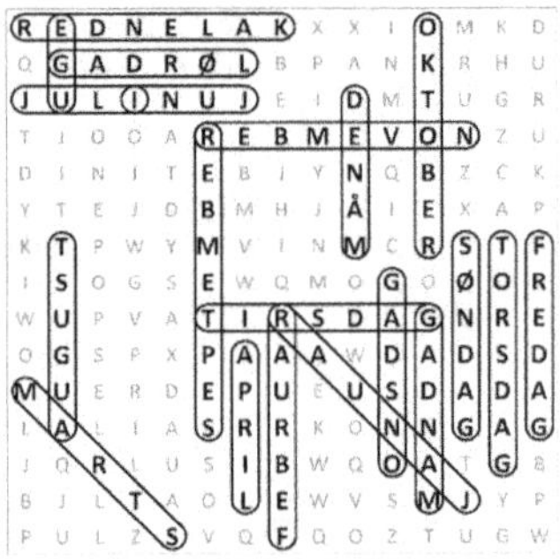

41 - Jardinage

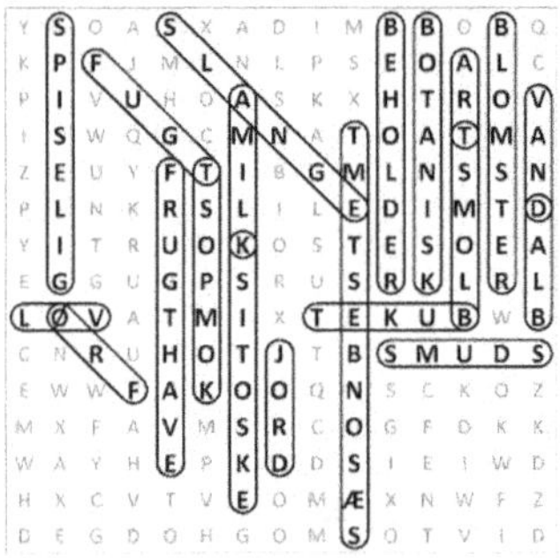

42 - Entreprise

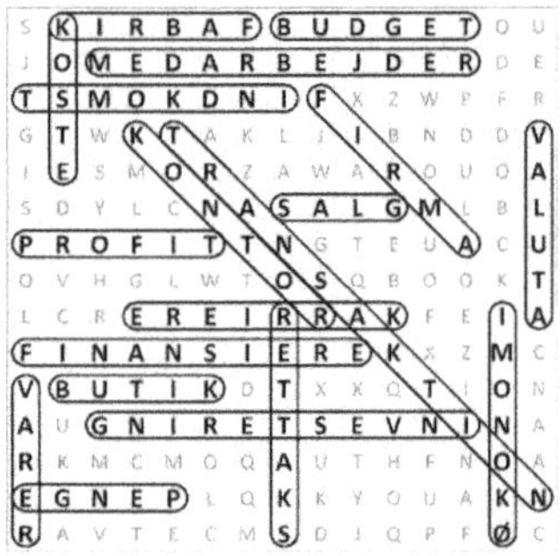

43 - Activités

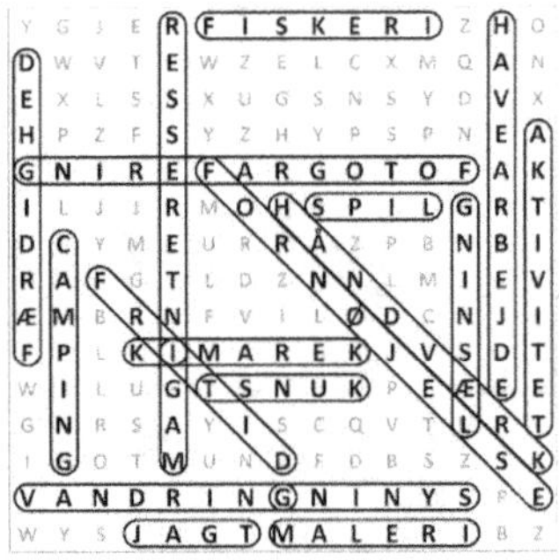

44 - Mode

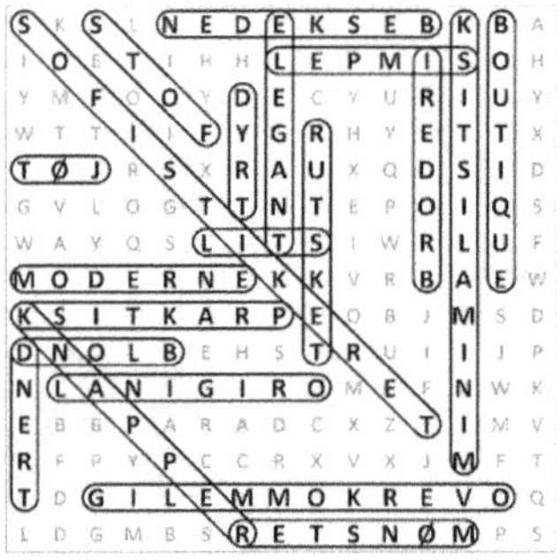

45 - Fleurs

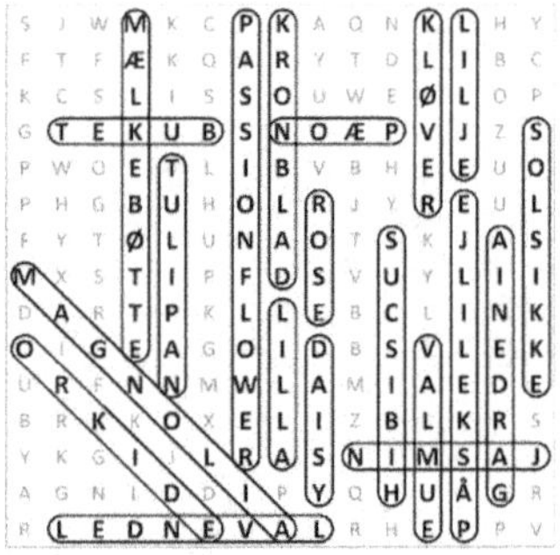

46 - Nourriture #2

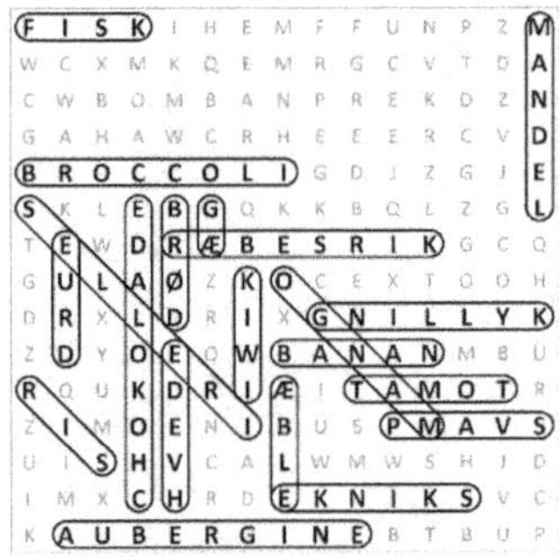

47 - Algèbre

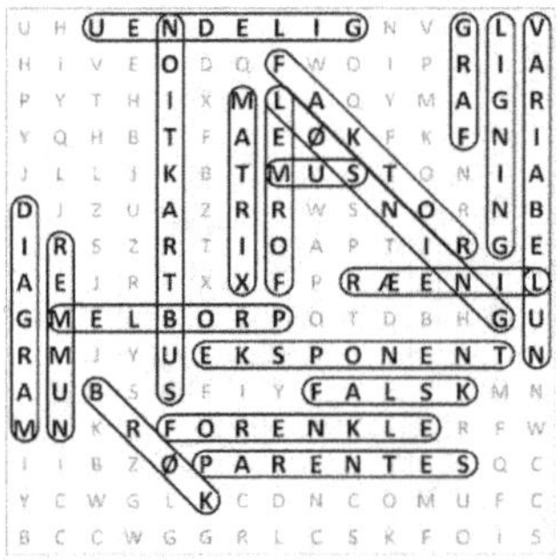

48 - Océan

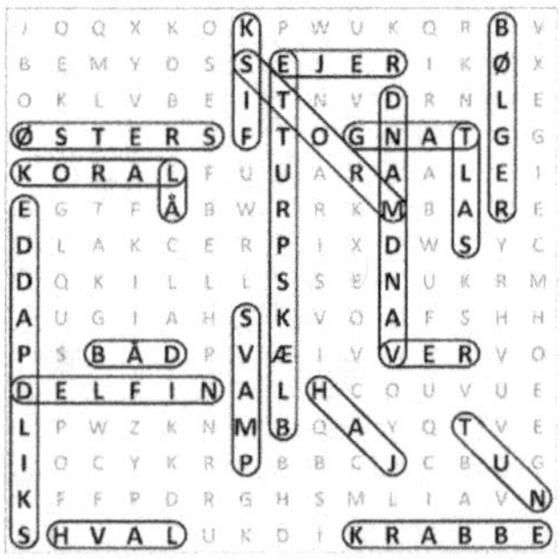

49 - Antiquités

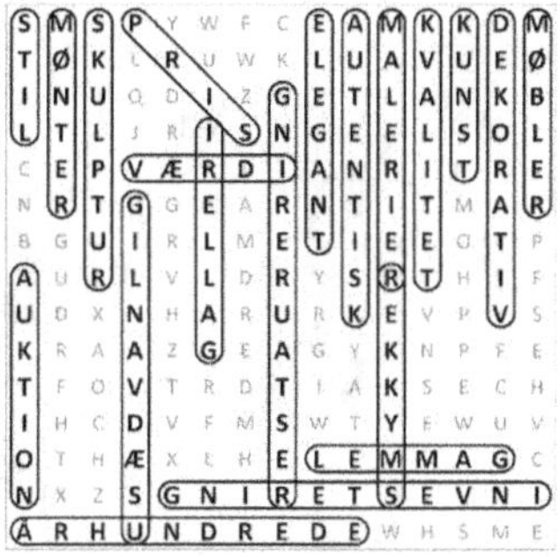

50 - Boxe

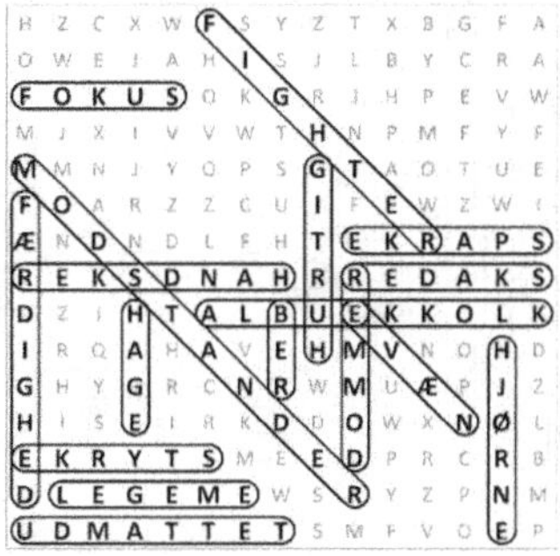

51 - Réchauffement Cli

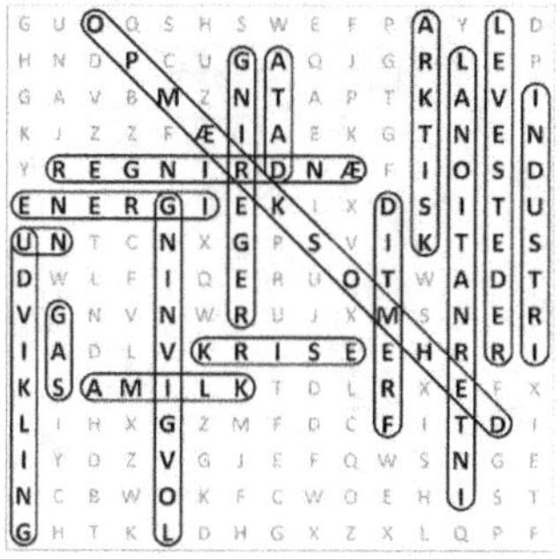

52 - Ballet

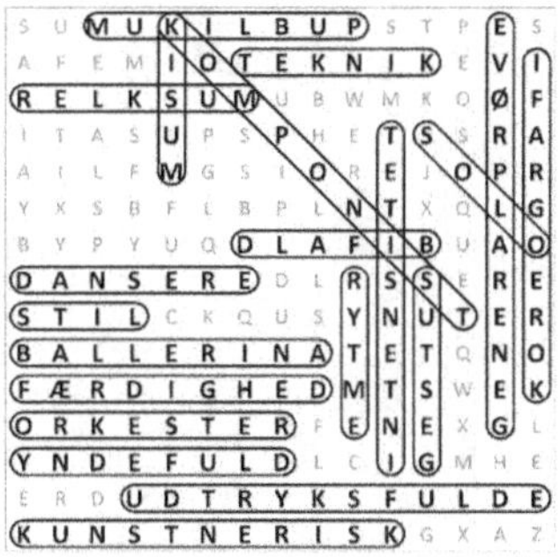

53 - Fruit

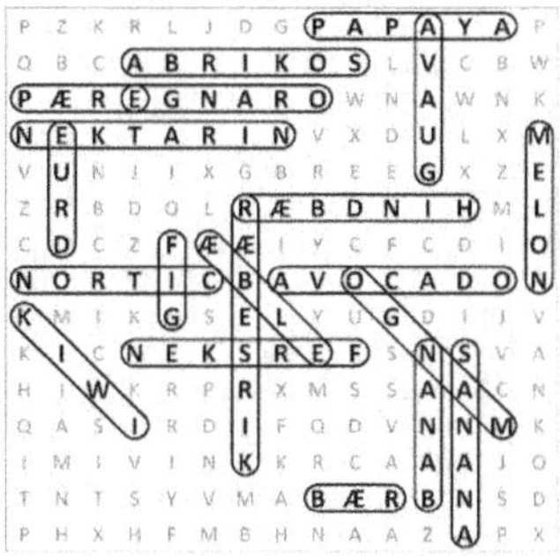

54 - Musique

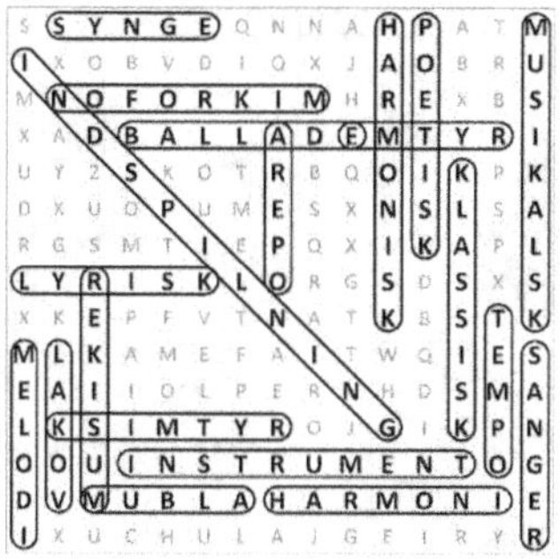

55 - Météo

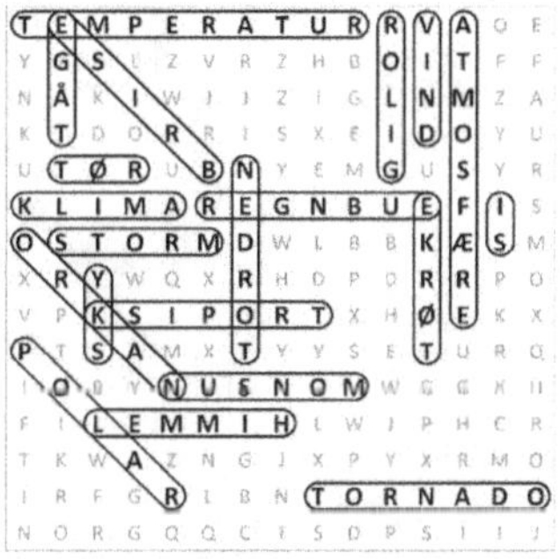

56 - L'Entreprise

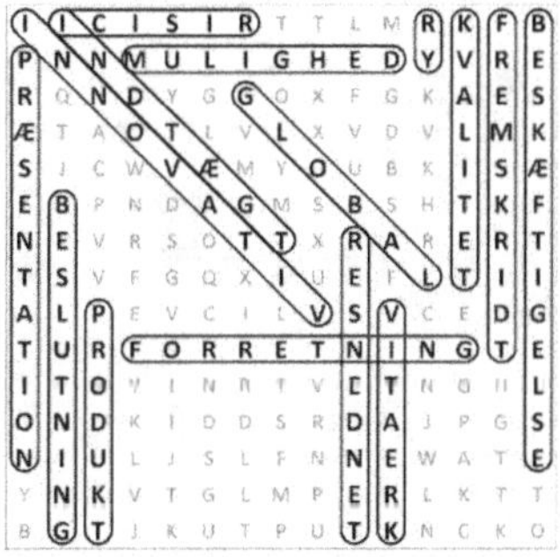

57 - Gouvernement

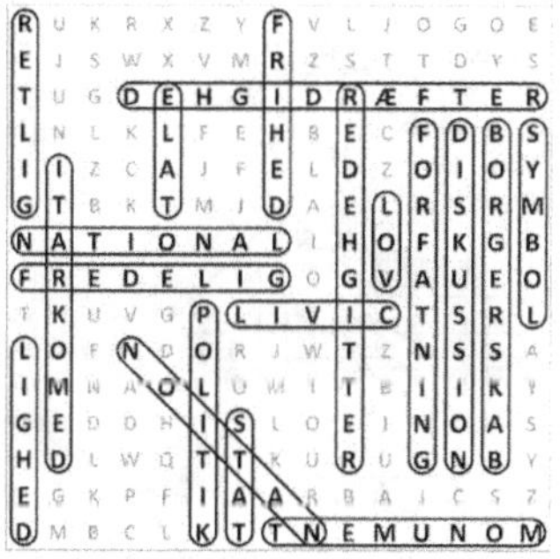

58 - Randonnée

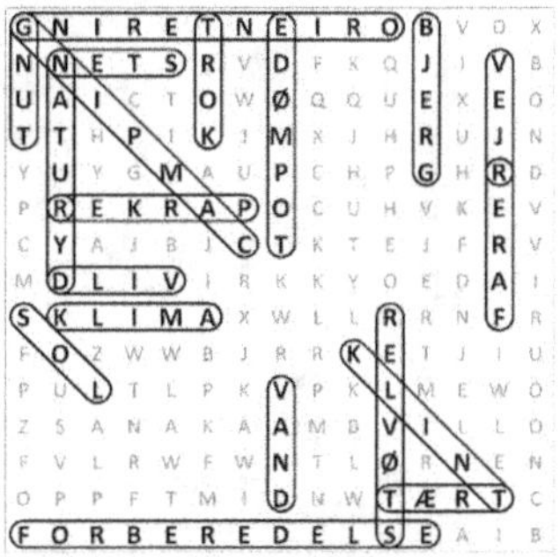

59 - Art

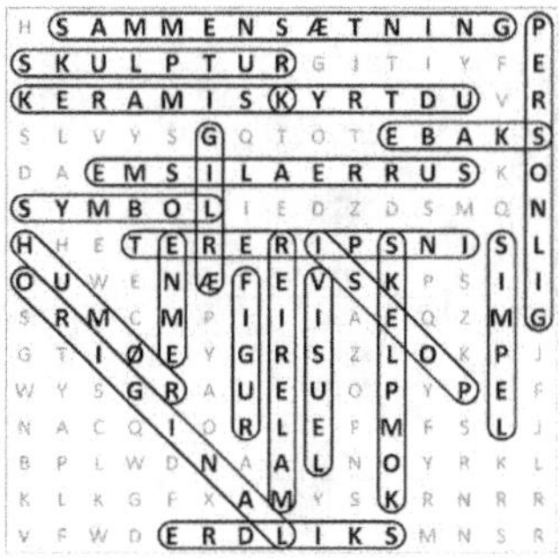

60 - Nutrition

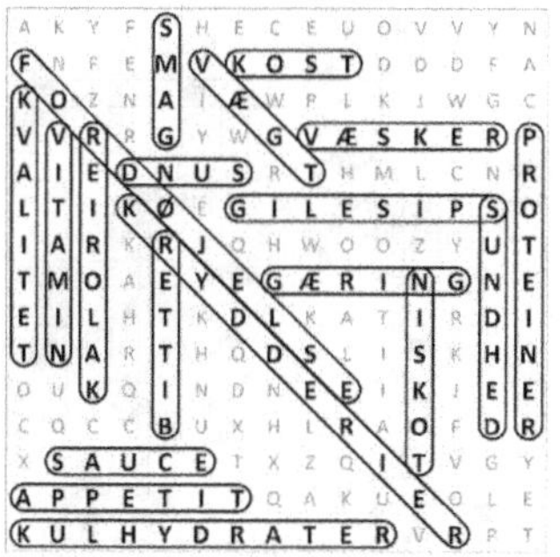

61 - Créativité

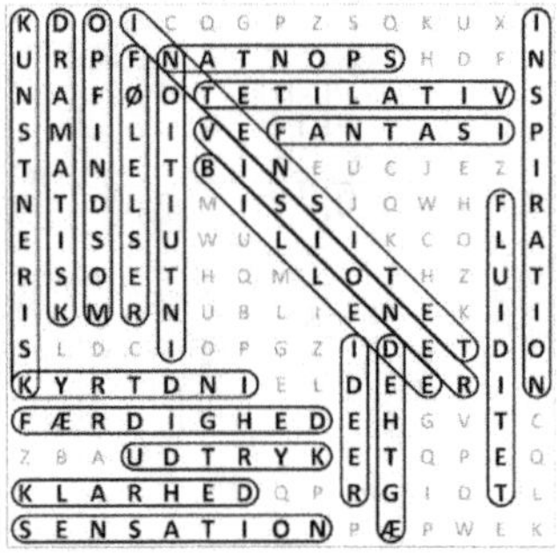

62 - Science Fiction

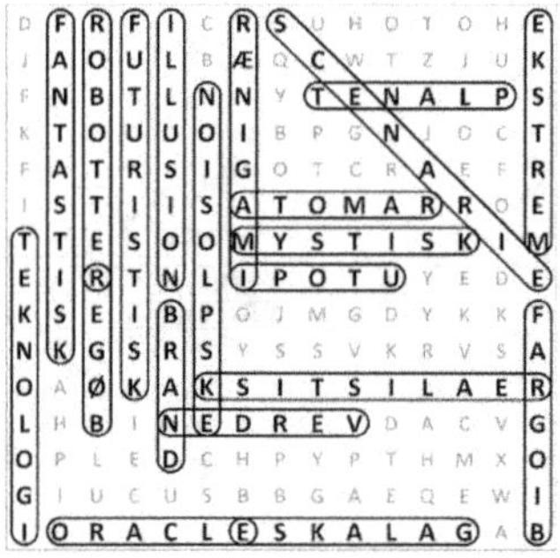

63 - Vertus #1

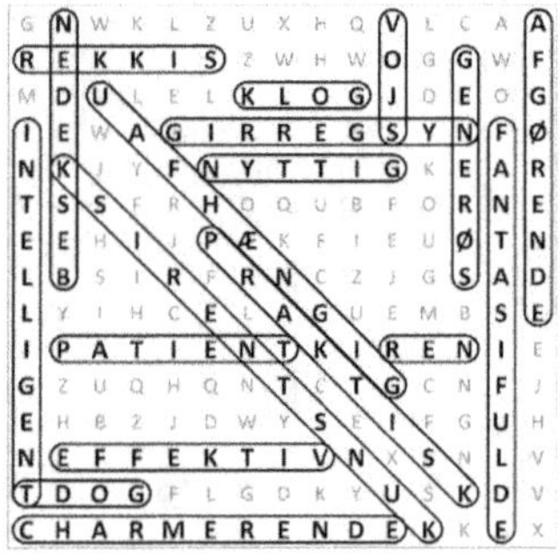

64 - Professions #1

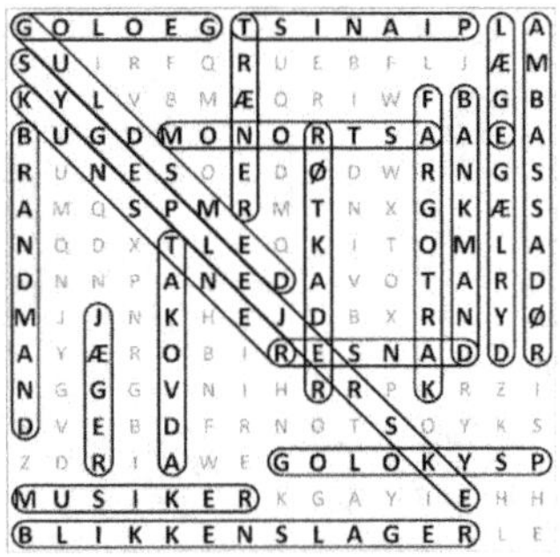

65 - Géologie

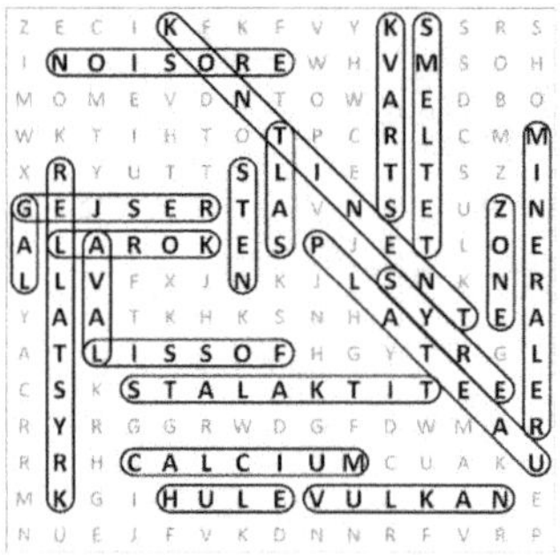

66 - Jardin

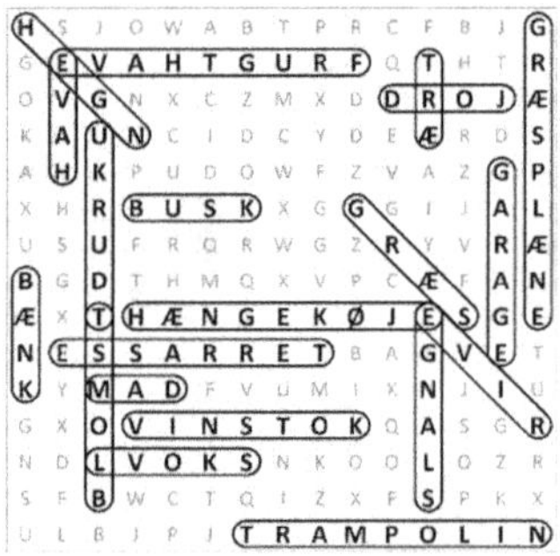

67 - Santé et Bien Être #1

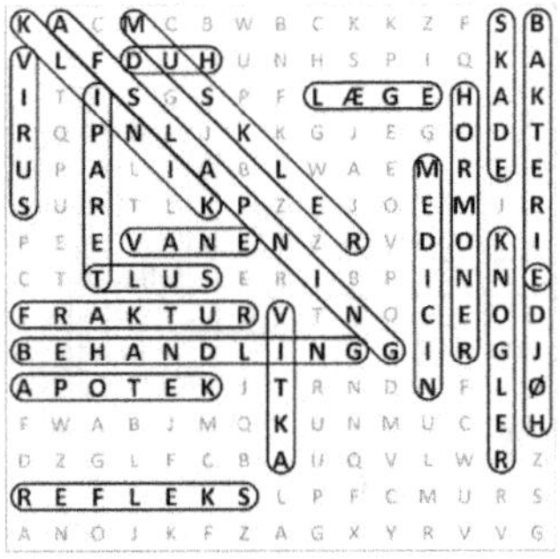

68 - Barbecues

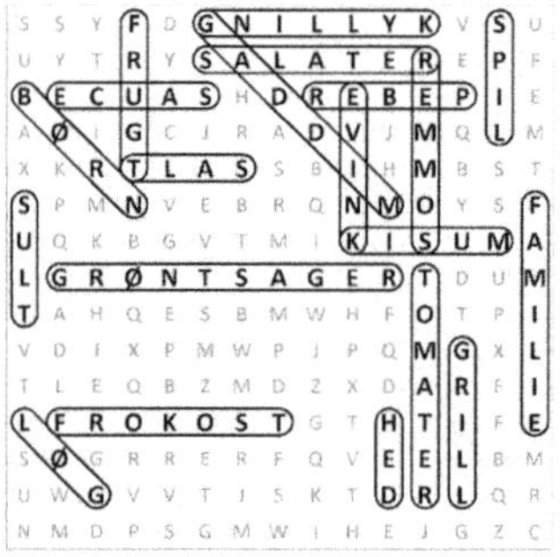

69 - Ferme #1

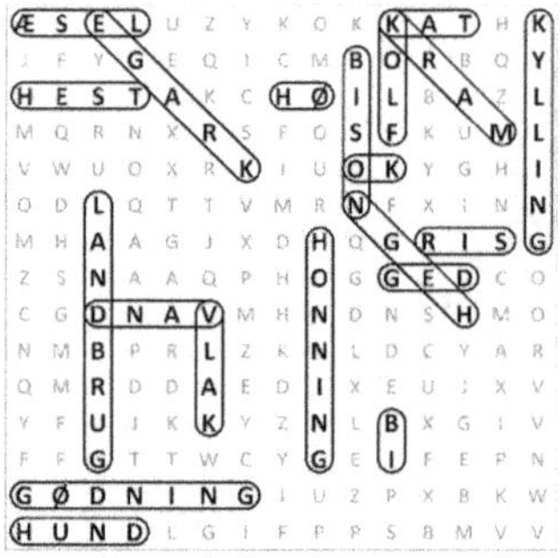

70 - Antarctique

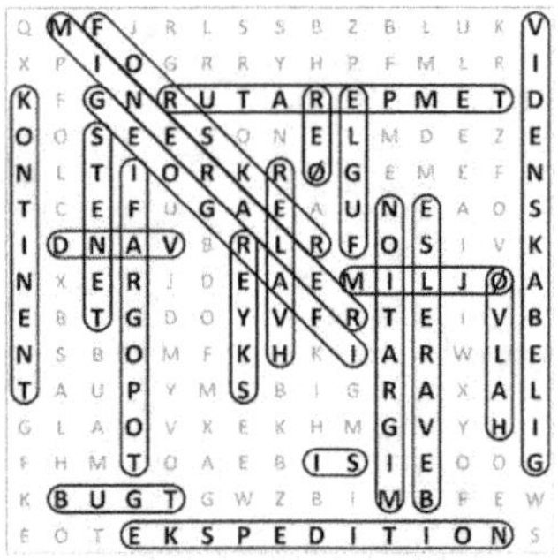

71 - Professions #2

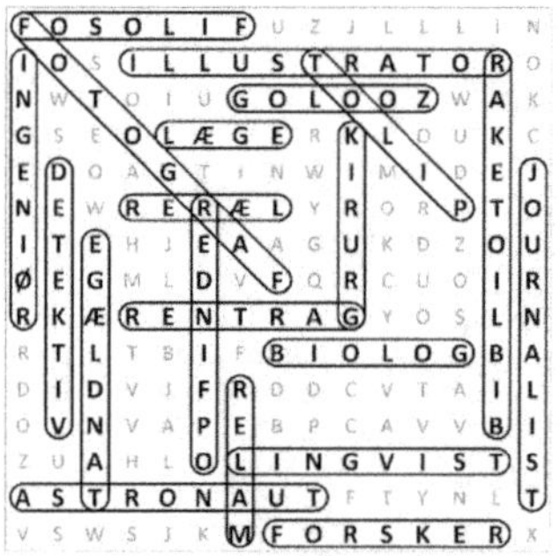

72 - Les Abeilles

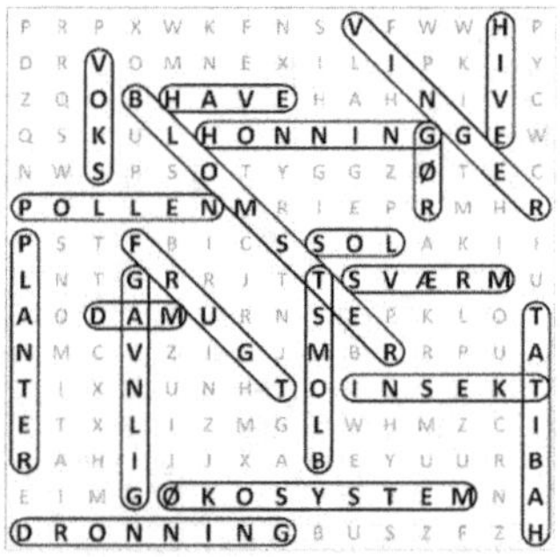

73 - Santé et Bien Être #2

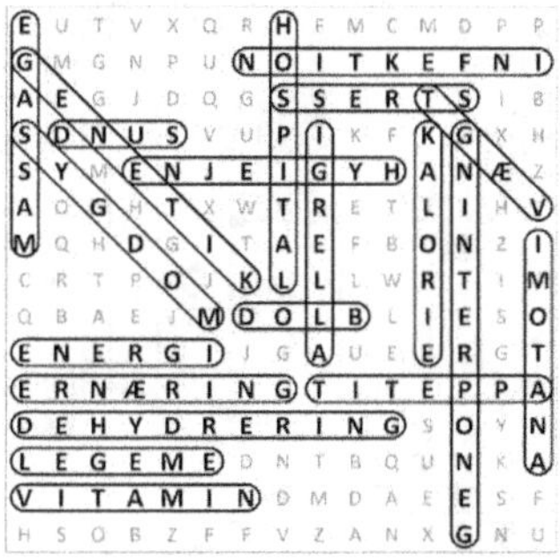

74 - Conduite

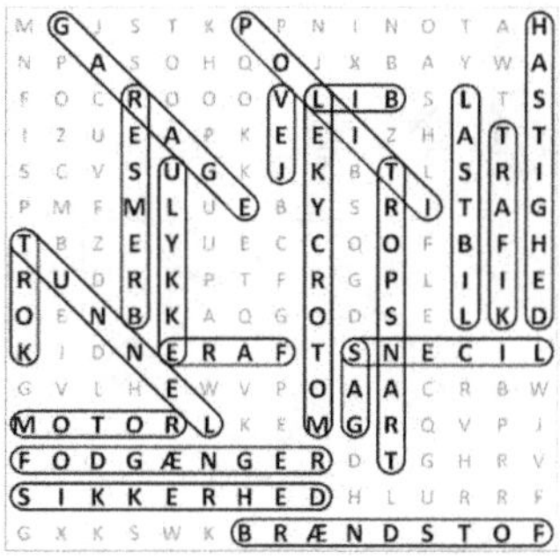

75 - Plantes

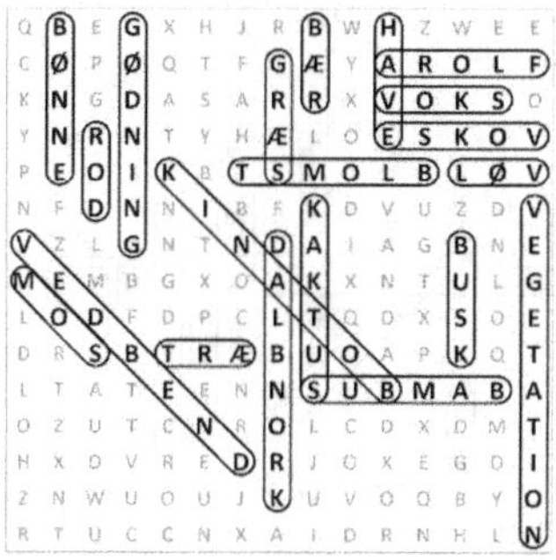

76 - Ferme #2

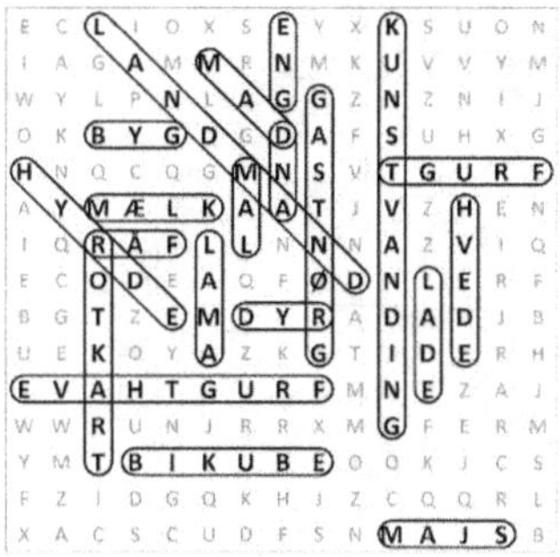

77 - Vacances #2

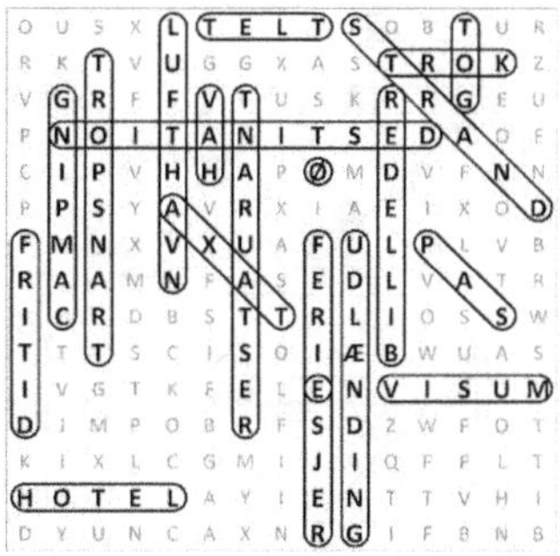

78 - Temps

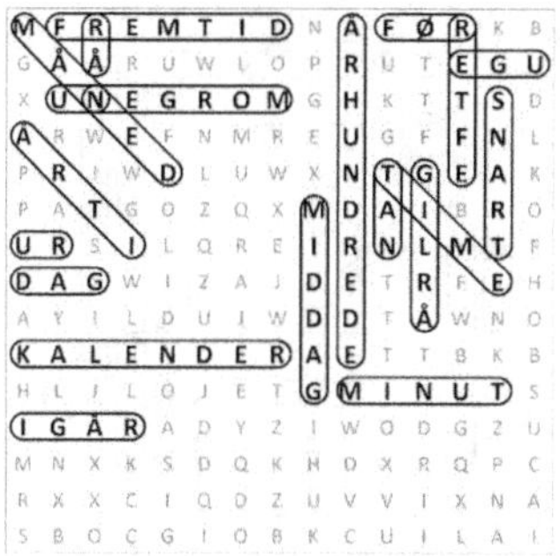

79 - Maison

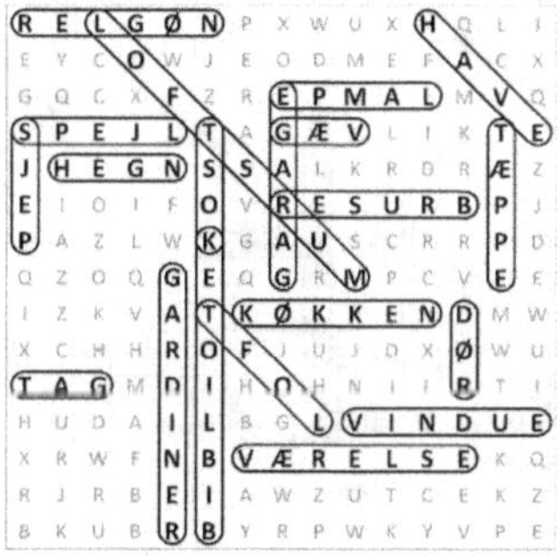

80 - Légumes

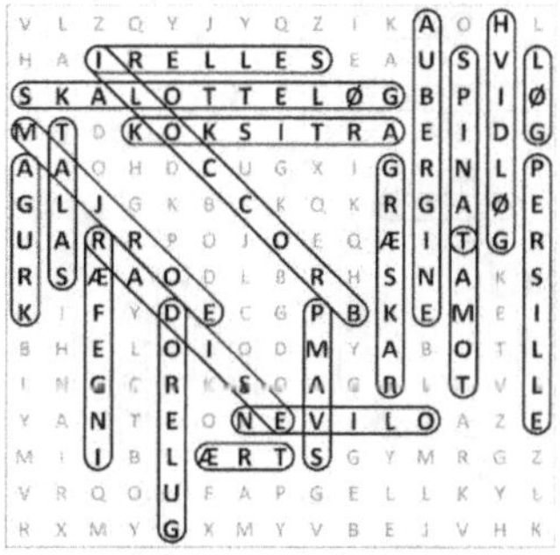

81 - Famille

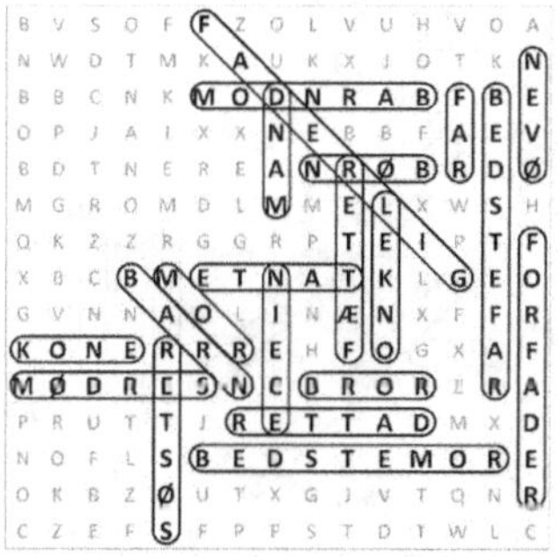

82 - Oiseaux

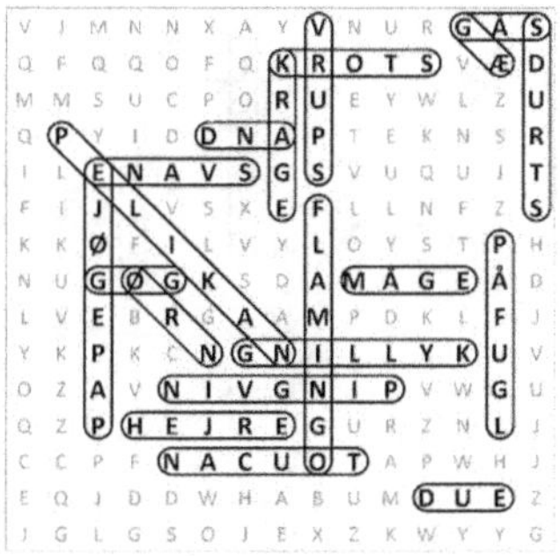

83 - Disciplines Scientifiques

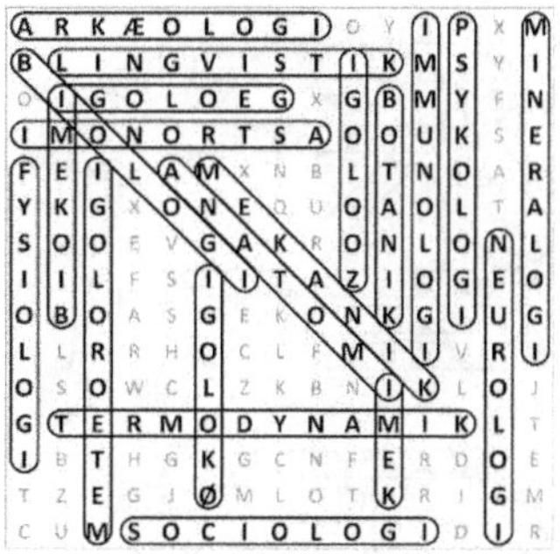

84 - Maladie

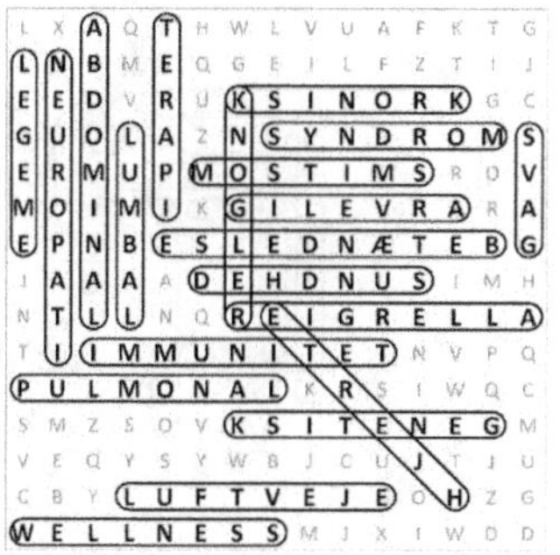

85 - Univers

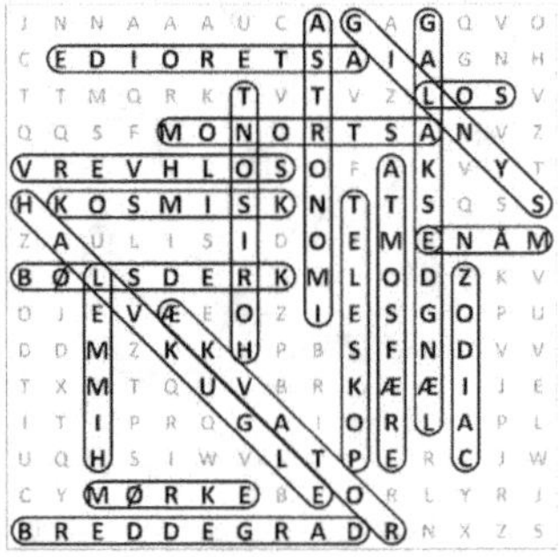

86 - Géographie

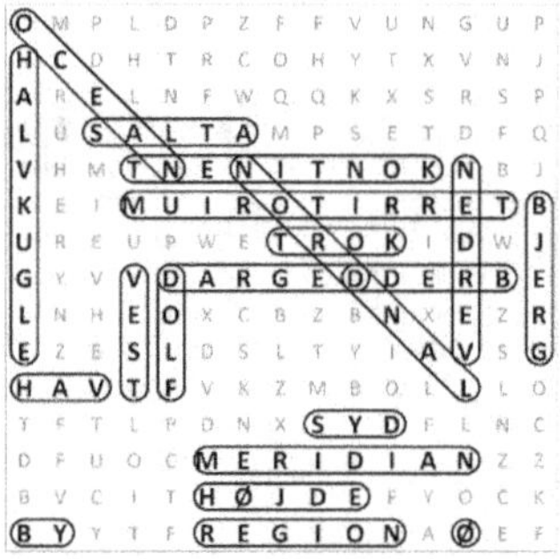

87 - Bâtiments

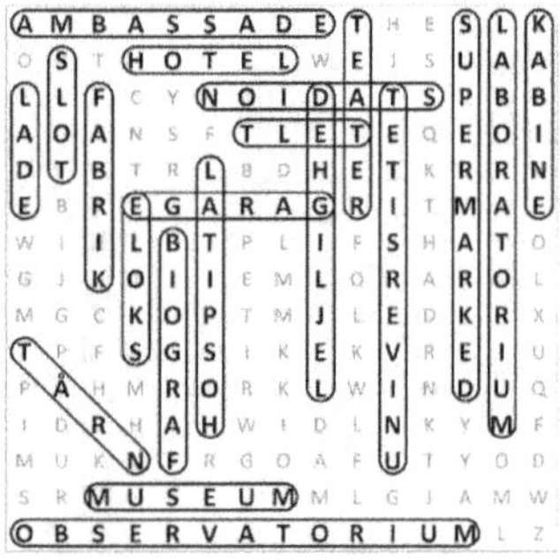

88 - Activités et Loisirs

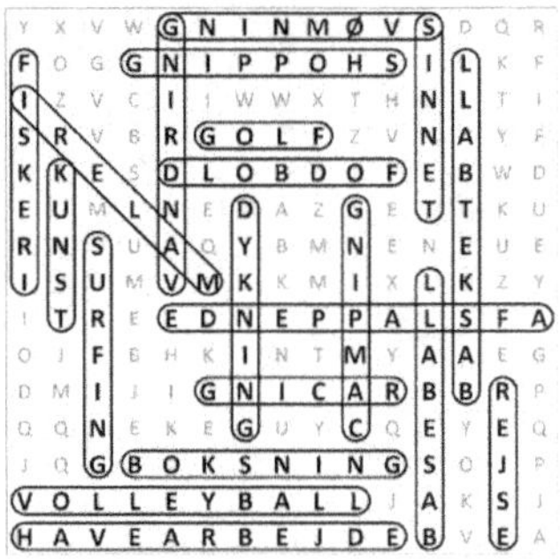

89 - Livres

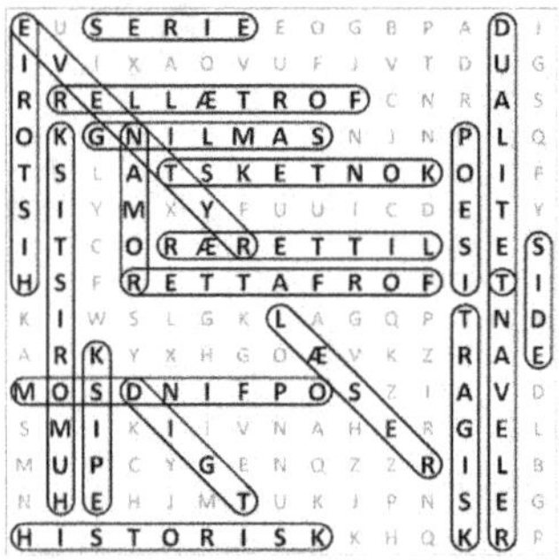

90 - Pays #2

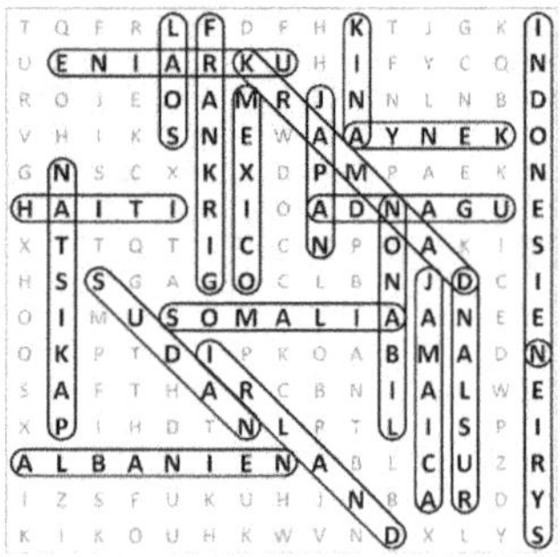

91 - Fournitures d'Art

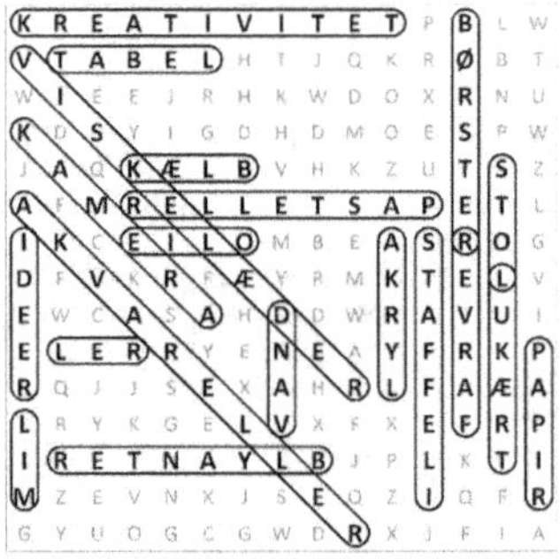

92 - Eau

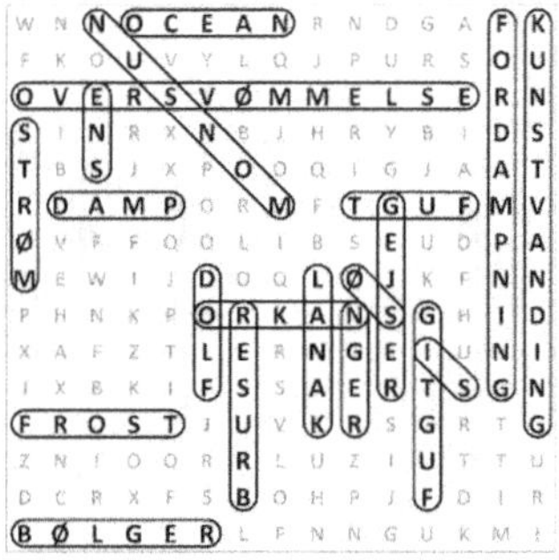

93 - Jazz

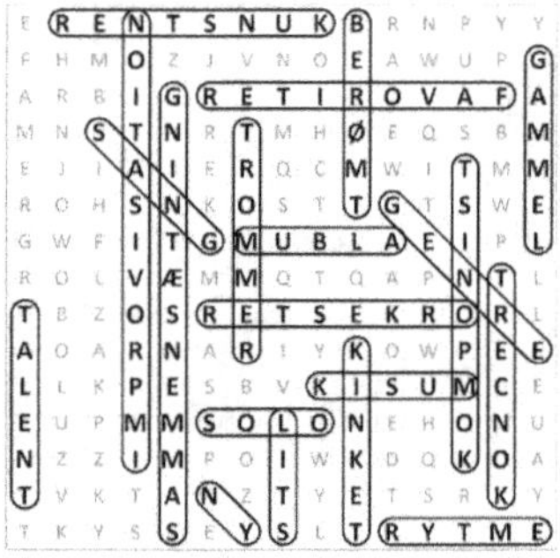

94 - Paysages

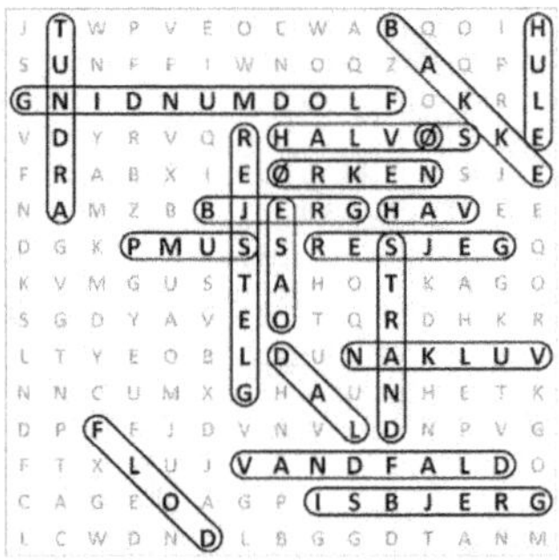

95 - Pays #1

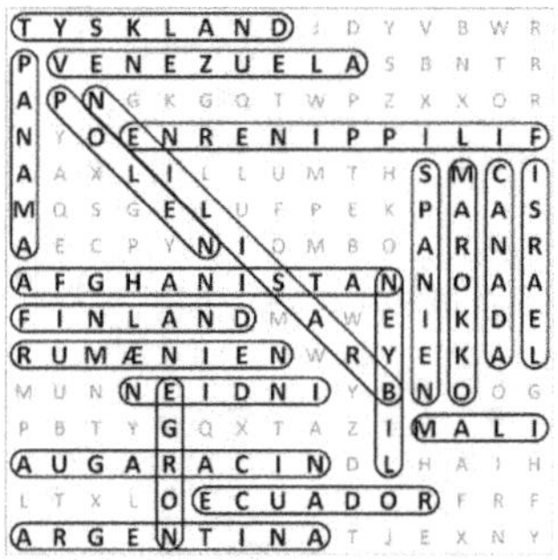

96 - Nombres

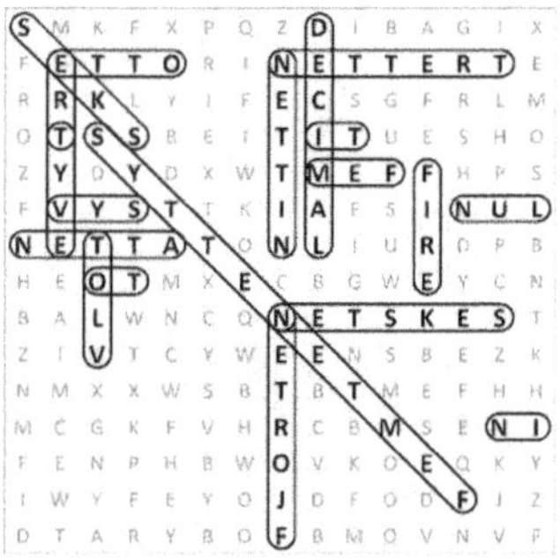

97 - Psychologie

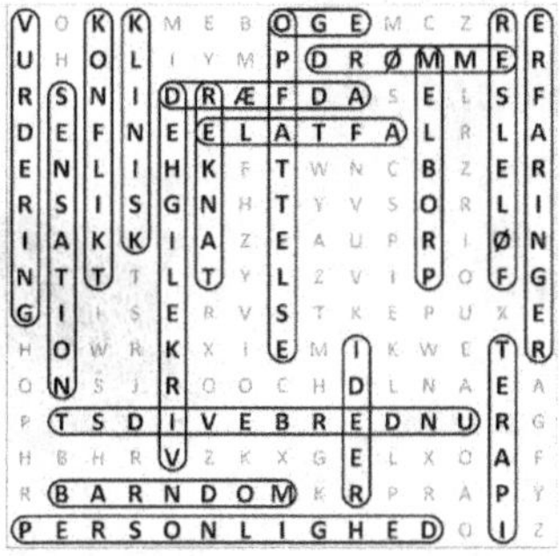

98 - Chimie

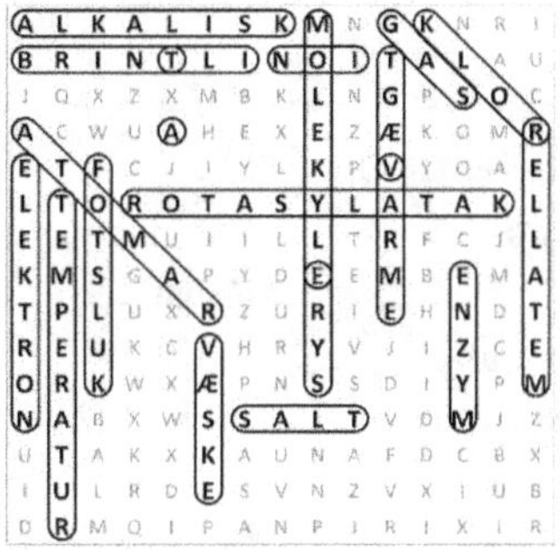

99 - Bateaux

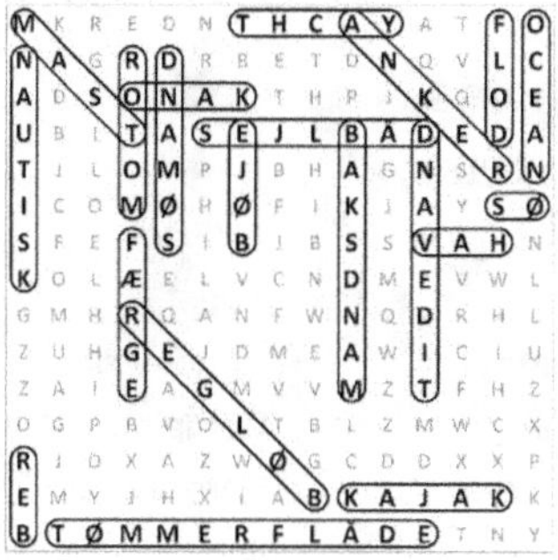

100 - Mesures

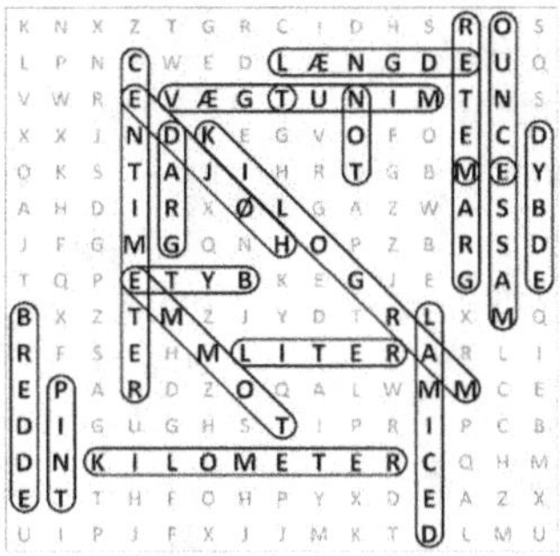

Dictionnaire

Activités
Aktiviteter

Activité	Aktivitet
Art	Kunst
Artisanat	Håndværk
Camping	Camping
Céramique	Keramik
Chasse	Jagt
Compétence	Færdighed
Couture	Syning
Intérêts	Interesser
Jardinage	Havearbejde
Jeux	Spil
Lecture	Læsning
Loisir	Fritid
Magie	Magi
Peinture	Maleri
Pêche	Fiskeri
Photographie	Fotografering
Plaisir	Fornøjelse
Randonnée	Vandring
Relaxation	Afslapning

Activités et Loisirs
Aktiviteter og Fritid

Achats	Shopping
Art	Kunst
Base-Ball	Baseball
Basket-Ball	Basketball
Boxe	Boksning
Camping	Camping
Course	Racing
Football	Fodbold
Golf	Golf
Jardinage	Havearbejde
Nager	Svømning
Peinture	Maleri
Pêche	Fiskeri
Plongée	Dykning
Randonnée	Vandring
Relaxant	Afslappende
Surf	Surfing
Tennis	Tennis
Volley-Ball	Volleyball
Voyage	Rejse

Adjectifs #1
Tillægsord #1

Absolu	Absolut
Actif	Aktiv
Ambitieux	Ambitiøs
Aromatique	Aromatisk
Artistique	Kunstnerisk
Attractif	Tiltrækkende
Beau	Smuk
Exotique	Eksotisk
Généreux	Generøs
Honnête	Ærlig
Identique	Identisk
Important	Vigtig
Innocent	Uskyldig
Jeune	Unge
Lent	Langsom
Lourd	Tung
Mince	Tynd
Moderne	Moderne
Parfait	Perfekt
Utile	Nyttig

Adjectifs #2
Tillægsord #2

Authentique	Autentisk
Célèbre	Berømt
Créatif	Kreativ
Descriptif	Beskrivende
Doué	Giftet
Dramatique	Dramatisk
Élégant	Elegant
Fier	Stolt
Fort	Stærk
Intéressant	Interessant
Naturel	Naturlig
Nouveau	Ny
Productif	Produktiv
Puissant	Magtfulde
Pur	Ren
Responsable	Ansvarlig
Sain	Sund
Salé	Saltet
Sauvage	Vild
Sec	Tør

Agronomie
Agronomi

Agriculture	Landbrug
Croissance	Vækst
Eau	Vand
Engrais	Gødning
Environnement	Miljø
Écologie	Økologi
Énergie	Energi
Érosion	Erosion
Étude	Undersøgelse
Graines	Frø
Légumes	Grøntsager
Maladies	Sygdomme
Nourriture	Mad
Pollution	Forurening
Production	Produktion
Recherche	Forskning
Rural	Rural
Science	Videnskab
Sol	Jord
Systèmes	Systemer

Algèbre
Algebra

Diagramme	Diagram
Exposant	Eksponent
Équation	Ligning
Facteur	Faktor
Faux	Falsk
Formule	Formel
Fraction	Brøk
Graphique	Graf
Infini	Uendelig
Linéaire	Lineær
Matrice	Matrix
Nombre	Nummer
Parenthèse	Parentes
Problème	Problem
Simplifier	Forenkle
Solution	Løsning
Somme	Sum
Soustraction	Subtraktion
Variable	Variabel
Zéro	Nul

Antarctique
Antarktis

Baie	Bugt
Baleines	Hvaler
Chercheur	Forsker
Conservation	Bevarelse
Continent	Kontinent
Eau	Vand
Environnement	Miljø
Expédition	Ekspedition
Géographie	Geografi
Glace	Is
Îles	Øer
Migration	Migration
Minéraux	Mineraler
Nuage	Skyer
Oiseaux	Fugle
Péninsule	Halvø
Rocheux	Stenet
Scientifique	Videnskabelig
Température	Temperatur
Topographie	Topografi

Antiquités
Antikviteter

Art	Kunst
Authentique	Autentisk
Bijoux	Smykker
Décoratif	Dekorativ
Enchères	Auktion
Élégant	Elegant
Galerie	Galleri
Inhabituel	Usædvanlig
Investissement	Investering
Meubles	Møbler
Peintures	Malerier
Pièces	Mønter
Prix	Pris
Qualité	Kvalitet
Restauration	Restaurering
Sculpture	Skulptur
Siècle	Århundrede
Style	Stil
Valeur	Værdi
Vieux	Gammel

Archéologie
Arkæologi

Analyse	Analyse
Antiquité	Antikken
Chercheur	Forsker
Civilisation	Civilisation
Descendant	Efterkommer
Expert	Ekspert
Ère	Æra
Équipe	Hold
Évaluation	Evaluering
Fossile	Fossil
Inconnu	Ukendt
Mystère	Mysterium
Objets	Objekter
Os	Knogler
Oublié	Glemt
Poterie	Keramik
Professeur	Professor
Relique	Levn
Temple	Tempel
Tombe	Grav

Art
Kunst

Céramique	Keramisk
Complexe	Kompleks
Composition	Sammensætning
Créer	Skabe
Dépeindre	Skildre
Expression	Udtryk
Figure	Figur
Honnête	Ærlig
Humeur	Humør
Inspiré	Inspireret
Original	Original
Peintures	Malerier
Personnel	Personlig
Poésie	Poesi
Sculpture	Skulptur
Simple	Simpel
Sujet	Emne
Surréalisme	Surrealisme
Symbole	Symbol
Visuel	Visuel

Arts Visuels
Billedkunst

Architecture	Arkitektur
Argile	Ler
Artiste	Kunstner
Céramique	Keramik
Charbon	Trækul
Chef-D'Œuvre	Mesterværk
Chevalet	Staffeli
Cire	Voks
Composition	Sammensætning
Craie	Kridt
Crayon	Blyant
Créativité	Kreativitet
Film	Film
Peinture	Maleri
Perspective	Perspektiv
Pochoir	Stencil
Portrait	Portræt
Sculpture	Skulptur
Stylo	Pen
Vernis	Lak

Astronomie
Astronomi

Astéroïde	Asteroide
Astronaute	Astronaut
Astronome	Astronom
Ciel	Himmel
Constellation	Konstellation
Cosmos	Kosmos
Éclipse	Formørkelse
Équinoxe	Equinox
Fusée	Raket
Galaxie	Galakse
Lune	Måne
Météore	Meteor
Nébuleuse	Nebula
Observatoire	Observatorium
Planète	Planet
Radiation	Stråling
Solaire	Sol
Supernova	Supernova
Terre	Jord
Univers	Univers

Aventure
Eventyr

Activité	Aktivitet
Beauté	Skønhed
Bravoure	Tapperhed
Chance	Chance
Dangereux	Farlig
Destination	Destination
Difficulté	Vanskelighed
Enthousiasme	Entusiasme
Excursion	Udflugt
Inhabituel	Usædvanlig
Itinéraire	Rejseplan
Joie	Glæde
Nature	Natur
Navigation	Navigation
Nouveau	Ny
Opportunité	Mulighed
Préparation	Forberedelse
Sécurité	Sikkerhed
Surprenant	Overraskende
Voyages	Rejser

Avions
Fly

Air	Luft
Atmosphère	Atmosfære
Atterrissage	Landing
Aventure	Eventyr
Ballon	Ballon
Carburant	Brændstof
Ciel	Himmel
Construction	Konstruktion
Descente	Afstamning
Direction	Retning
Équipage	Mandskab
Hauteur	Højde
Hélices	Propeller
Histoire	Historie
Hydrogène	Brint
Moteur	Motor
Naviguer	Navigere
Passager	Passager
Pilote	Pilot
Turbulence	Turbulens

Ballet
Ballet

Applaudissement	Bifald
Artistique	Kunstnerisk
Ballerine	Ballerina
Chorégraphie	Koreografi
Compétence	Færdighed
Compositeur	Komponist
Danseurs	Dansere
Expressif	Udtryksfulde
Geste	Gestus
Gracieux	Yndefuld
Intensité	Intensitet
Muscles	Muskler
Musique	Musik
Orchestre	Orkester
Public	Publikum
Répétition	Generalprøve
Rythme	Rytme
Solo	Solo
Style	Stil
Technique	Teknik

Barbecues
Grillninger

Chaud	Hed
Couteaux	Knive
Déjeuner	Frokost
Dîner	Middag
Enfants	Børn
Été	Sommer
Faim	Sult
Famille	Familie
Fruit	Frugt
Gril	Grill
Jeux	Spil
Légumes	Grøntsager
Musique	Musik
Oignons	Løg
Poivre	Peber
Poulet	Kylling
Salades	Salater
Sauce	Sauce
Sel	Salt
Tomates	Tomater

Bateaux
Både

Ancre	Anker
Bouée	Bøje
Canoë	Kano
Corde	Reb
Équipage	Mandskab
Ferry	Færge
Fleuve	Flod
Kayak	Kajak
Lac	Sø
Marée	Tidevand
Marin	Sømand
Mât	Mast
Mer	Hav
Moteur	Motor
Nautique	Nautisk
Océan	Ocean
Radeau	Tømmerflåde
Vagues	Bølger
Voilier	Sejlbåd
Yacht	Yacht

Bâtiments
Bygninger

Ambassade	Ambassade
Appartement	Lejlighed
Cabine	Kabine
Château	Slot
Cinéma	Biograf
École	Skole
Garage	Garage
Grange	Lade
Hôpital	Hospital
Hôtel	Hotel
Laboratoire	Laboratorium
Musée	Museum
Observatoire	Observatorium
Stade	Stadion
Supermarché	Supermarked
Tente	Telt
Théâtre	Teater
Tour	Tårn
Université	Universitet
Usine	Fabrik

Beauté
Skønhed

Boucles	Krøller
Charme	Charme
Ciseaux	Saks
Cosmétique	Kosmetik
Couleur	Farve
Élégance	Elegance
Élégant	Elegant
Grâce	Nåde
Huiles	Olier
Lisse	Glat
Maquillage	Makeup
Mascara	Mascara
Miroir	Spejl
Parfum	Duft
Peau	Hud
Photogénique	Fotogen
Produits	Produkter
Rouge à Lèvres	Læbestift
Shampooing	Shampoo
Styliste	Stylist

Biologie
Biologi

Anatomie	Anatomi
Bactéries	Bakterie
Cellule	Celle
Chromosome	Kromosom
Collagène	Kollagen
Embryon	Foster
Enzyme	Enzym
Évolution	Udvikling
Hormone	Hormon
Mammifère	Pattedyr
Mutation	Mutation
Naturel	Naturlig
Nerf	Nerve
Neurone	Neuron
Osmose	Osmose
Photosynthèse	Fotosyntese
Protéine	Protein
Reptile	Krybdyr
Symbiose	Symbiose
Synapse	Synapse

Boxe
Boksning

Adversaire	Modstander
Arbitre	Dommer
Blessures	Skader
Cloche	Klokke
Coin	Hjørne
Combattant	Fighter
Compétence	Færdighed
Concentrer	Fokus
Cordes	Reb
Corps	Legeme
Coude	Albue
Coup	Sparke
Épuisé	Udmattet
Force	Styrke
Gants	Handsker
Menton	Hage
Poing	Næve
Rapide	Hurtig
Récupération	Genopretning

Camping
Camping

Animaux	Dyr
Aventure	Eventyr
Boussole	Kompas
Cabine	Kabine
Canoë	Kano
Carte	Kort
Chapeau	Hat
Chasse	Jagt
Corde	Reb
Équipement	Udstyr
Feu	Brand
Forêt	Skov
Hamac	Hængekøje
Insecte	Insekt
Lac	Sø
Lanterne	Lanterne
Lune	Måne
Montagne	Bjerg
Nature	Natur
Tente	Telt

Chimie
Kemi

Acide	Syre
Alcalin	Alkalisk
Atomique	Atomar
Carbone	Kulstof
Catalyseur	Katalysator
Chaleur	Varme
Chlore	Klor
Enzyme	Enzym
Électron	Elektron
Gaz	Gas
Hydrogène	Brint
Ion	Ion
Liquide	Væske
Métaux	Metaller
Molécule	Molekyle
Nucléaire	A
Oxygène	Ilt
Poids	Vægt
Sel	Salt
Température	Temperatur

Chocolat
Chokolade

Amer	Bitter
Antioxydant	Antioxidant
Arôme	Aroma
Bonbon	Slik
Cacahuètes	Jordnødder
Cacao	Cacao
Calories	Kalorier
Caramel	Karamel
Délicieux	Lækker
Doux	Sød
Envie	Trang
Exotique	Eksotisk
Favori	Favorit
Goût	Smag
Ingrédient	Ingrediens
Noix de Coco	Kokosnød
Poudre	Pulver
Qualité	Kvalitet
Recette	Opskrift
Sucre	Sukker

Conduite
Kørsel

Accident	Ulykke
Camion	Lastbil
Carburant	Brændstof
Carte	Kort
Danger	Fare
Freins	Bremser
Garage	Garage
Gaz	Gas
Licence	Licens
Moteur	Motor
Moto	Motorcykel
Piéton	Fodgænger
Police	Politi
Route	Vej
Sécurité	Sikkerhed
Trafic	Trafik
Transport	Transport
Tunnel	Tunnel
Vitesse	Hastighed
Voiture	Bil

Corps Humain
Menneskekroppen

Bouche	Mund
Cerveau	Hjerne
Cheville	Ankel
Cou	Hals
Coude	Albue
Cœur	Hjerte
Doigt	Finger
Estomac	Mave
Épaule	Skulder
Genou	Knæ
Lèvres	Læber
Main	Hånd
Mâchoire	Kæbe
Menton	Hage
Nez	Næse
Oreille	Øre
Peau	Hud
Sang	Blod
Tête	Hoved
Visage	Ansigt

Créativité
Kreativitet

Artistique	Kunstnerisk
Authenticité	Ægthed
Clarté	Klarhed
Compétence	Færdighed
Dramatique	Dramatisk
Expression	Udtryk
Émotions	Følelser
Fluidité	Fluiditet
Idées	Ideer
Image	Billede
Imagination	Fantasi
Impression	Indtryk
Inspiration	Inspiration
Intensité	Intensitet
Intuition	Intuition
Inventif	Opfindsom
Sensation	Sensation
Spontané	Spontan
Visions	Visioner
Vitalité	Vitalitet

Cuisine
Køkken

Baguettes	Spisepinde
Bol	Skål
Bouilloire	Kedel
Congélateur	Fryser
Couteaux	Knive
Cruche	Kande
Cuillères	Skeer
Épices	Krydderier
Éponge	Svamp
Four	Ovn
Fourchettes	Gafler
Gril	Grill
Louche	Slev
Nourriture	Mad
Pot	Krukke
Recette	Opskrift
Réfrigérateur	Køleskab
Serviette	Serviet
Tablier	Forklæde
Tasses	Kopper

Diplomatie
Diplomati

Ambassade	Ambassade
Ambassadeur	Ambassadør
Citoyens	Borgere
Civique	Civic
Communauté	Fællesskab
Conflit	Konflikt
Conseiller	Rådgiver
Coopération	Samarbejde
Diplomatique	Diplomatisk
Discussion	Diskussion
Éthique	Etik
Étranger	Udenlandsk
Gouvernement	Regering
Humanitaire	Humanitær
Intégrité	Integritet
Justice	Retfærdighed
Politique	Politik
Sécurité	Sikkerhed
Solution	Løsning
Traité	Traktat

Disciplines Scientifiques
Videnskabelige Disciplin

Anatomie	Anatomi
Archéologie	Arkæologi
Astronomie	Astronomi
Biochimie	Biokemi
Biologie	Biologi
Botanique	Botanik
Chimie	Kemi
Écologie	Økologi
Géologie	Geologi
Immunologie	Immunologi
Linguistique	Lingvistik
Mécanique	Mekanik
Météorologie	Meteorologi
Minéralogie	Mineralogi
Neurologie	Neurologi
Physiologie	Fysiologi
Psychologie	Psykologi
Sociologie	Sociologi
Thermodynamique	Termodynamik
Zoologie	Zoologi

Eau
Vand

Canal	Kanal
Douche	Bruser
Évaporation	Fordampning
Fleuve	Flod
Flux	Strøm
Gel	Frost
Geyser	Gejser
Glace	Is
Humide	Fugtig
Humidité	Fugt
Inondation	Oversvømmelse
Irrigation	Kunstvanding
Lac	Sø
Mousson	Monsun
Neige	Sne
Océan	Ocean
Ouragan	Orkan
Pluie	Regn
Vagues	Bølger
Vapeur	Damp

Entreprise
Forretning

Argent	Penge
Boutique	Butik
Budget	Budget
Bureau	Kontor
Carrière	Karriere
Coût	Koste
Devise	Valuta
Employeur	Arbejdsgiver
Employé	Medarbejder
Entreprise	Firma
Économie	Økonomi
Finance	Finansiere
Impôts	Skatter
Investissement	Investering
Marchandise	Varer
Profit	Profit
Revenu	Indkomst
Transaction	Transaktion
Usine	Fabrik
Vente	Salg

Écologie
Økologi

Bénévoles	Frivillige
Climat	Klima
Communautés	Fællesskaber
Diversité	Mangfoldighed
Durable	Bæredygtig
Espèce	Art
Faune	Fauna
Flore	Flora
Global	Global
Habitat	Habitat
Marais	Mose
Marin	Marine
Montagnes	Bjerge
Nature	Natur
Naturel	Naturlig
Plantes	Planter
Ressources	Ressourcer
Sécheresse	Tørke
Survie	Overlevelse
Végétation	Vegetation

Énergie
Energi

Batterie	Batteri
Carbone	Kulstof
Carburant	Brændstof
Chaleur	Varme
Diesel	Diesel
Entropie	Entropi
Environnement	Miljø
Essence	Benzin
Électrique	Elektrisk
Électron	Elektron
Hydrogène	Brint
Industrie	Industri
Moteur	Motor
Nucléaire	A
Photon	Foton
Pollution	Forurening
Renouvelable	Fornyelig
Soleil	Sol
Turbine	Turbine
Vent	Vind

Épices
Krydderier

Aigre	Sur
Ail	Hvidløg
Amer	Bitter
Anis	Anis
Cannelle	Kanel
Cardamome	Kardemomme
Coriandre	Koriander
Cumin	Spidskommen
Curry	Karry
Fenouil	Fennikel
Gingembre	Ingefær
Muscade	Muskatnød
Oignon	Løg
Paprika	Paprika
Poivre	Peber
Réglisse	Lakrids
Safran	Saffron
Saveur	Smag
Sel	Salt
Vanille	Vanilje

Famille
Familie

Ancêtre	Forfader
Cousin	Fætter
Enfance	Barndom
Enfant	Barn
Enfants	Børn
Femme	Kone
Fille	Datter
Frère	Bror
Grand-Mère	Bedstemor
Grand-Père	Bedstefar
Mari	Mand
Maternel	Mødres
Mère	Mor
Neveu	Nevø
Nièce	Niece
Oncle	Onkel
Paternel	Faderlig
Père	Far
Soeur	Søster
Tante	Tante

Ferme #1
Bondegård #1

Abeille	Bi
Agriculture	Landbrug
Âne	Æsel
Bison	Bison
Champ	Mark
Chat	Kat
Cheval	Hest
Chèvre	Ged
Chien	Hund
Clôture	Hegn
Corbeau	Krage
Eau	Vand
Engrais	Gødning
Foin	Hø
Miel	Honning
Poulet	Kylling
Riz	Ris
Troupeau	Flok
Vache	Ko
Veau	Kalv

Ferme #2
Bondegård #2

Agneau	Lam
Agriculteur	Landmand
Animaux	Dyr
Berger	Hyrde
Blé	Hvede
Canard	And
Fruit	Frugt
Grange	Lade
Irrigation	Kunstvanding
Lait	Mælk
Lama	Lama
Légume	Grøntsag
Maïs	Majs
Mouton	Får
Nourriture	Mad
Orge	Byg
Pré	Eng
Ruche	Bikube
Tracteur	Traktor
Verger	Frugthave

Fleurs
Blomster

Bouquet	Buket
Gardénia	Gardenia
Hibiscus	Hibiscus
Jasmin	Jasmin
Jonquille	Påskelilje
Lavande	Lavendel
Lilas	Lilla
Lys	Lilje
Magnolia	Magnolia
Marguerite	Daisy
Orchidée	Orkide
Passiflore	Passionflower
Pavot	Valmue
Pétale	Kronblad
Pissenlit	Mælkebøtte
Pivoine	Pæon
Rose	Rose
Tournesol	Solsikke
Trèfle	Kløver
Tulipe	Tulipan

Force et Gravité
Kraft og Tyngdekraft

Axe	Akse
Centre	Center
Découverte	Opdagelse
Distance	Afstand
Dynamique	Dynamisk
Expansion	Udvidelse
Élan	Momentum
Friction	Friktion
Magnétisme	Magnetisme
Mécanique	Mekanik
Mouvement	Bevægelse
Orbite	Kredsløb
Physique	Fysik
Planètes	Planeter
Poids	Vægt
Pression	Tryk
Propriétés	Ejendomme
Temps	Tid
Universel	Universel
Vitesse	Hastighed

Formes
Former

Arc	Bue
Bords	Kanter
Carré	Firkant
Cercle	Cirkel
Coin	Hjørne
Courbe	Kurve
Cône	Kegle
Côté	Side
Cube	Terning
Cylindre	Cylinder
Ellipse	Ellipse
Hyperbole	Hyperbola
Ligne	Linje
Ovale	Oval
Polygone	Polygon
Prisme	Prisme
Pyramide	Pyramide
Rectangle	Rektangel
Sphère	Sfære
Triangle	Trekant

Fournitures d'Art
Kunst Forsyninger

Acrylique	Akryl
Aquarelles	Akvareller
Argile	Ler
Brosses	Børster
Caméra	Kamera
Chaise	Stol
Charbon	Trækul
Chevalet	Staffeli
Colle	Lim
Couleurs	Farver
Crayons	Blyanter
Créativité	Kreativitet
Eau	Vand
Encre	Blæk
Gomme	Viskelæder
Huile	Olie
Idées	Ideer
Papier	Papir
Pastels	Pasteller
Table	Tabel

Fruit
Frugt

Abricot	Abrikos
Ananas	Ananas
Avocat	Avocado
Baie	Bær
Banane	Banan
Cerise	Kirsebær
Citron	Citron
Figue	Fig
Framboise	Hindbær
Goyave	Guava
Kiwi	Kiwi
Mangue	Mango
Melon	Melon
Nectarine	Nektarin
Orange	Orange
Papaye	Papaya
Pêche	Fersken
Poire	Pære
Pomme	Æble
Raisin	Drue

Géographie
Geografi

Altitude	Højde
Atlas	Atlas
Carte	Kort
Continent	Kontinent
Fleuve	Flod
Hémisphère	Halvkugle
Île	Ø
Latitude	Breddegrad
Mer	Hav
Méridien	Meridian
Monde	Verden
Montagne	Bjerg
Nord	Nord
Océan	Ocean
Ouest	Vest
Pays	Land
Région	Region
Sud	Syd
Territoire	Territorium
Ville	By

Géologie
Geologi

Acide	Syre
Calcium	Calcium
Caverne	Hule
Continent	Kontinent
Corail	Koral
Couche	Lag
Cristaux	Krystaller
Érosion	Erosion
Fondu	Smeltet
Fossile	Fossil
Geyser	Gejser
Lave	Lava
Minéraux	Mineraler
Pierre	Sten
Plateau	Plateau
Quartz	Kvarts
Sel	Salt
Stalactite	Stalaktit
Volcan	Vulkan
Zone	Zone

Géométrie
Geometri

Angle	Vinkel
Calcul	Beregning
Cercle	Cirkel
Courbe	Kurve
Diamètre	Diameter
Dimension	Dimension
Équation	Ligning
Hauteur	Højde
Logique	Logik
Masse	Masse
Médian	Median
Nombre	Nummer
Parallèle	Parallel
Proportion	Andel
Segment	Segment
Surface	Overflade
Symétrie	Symmetri
Théorie	Teori
Triangle	Trekant
Vertical	Lodret

Gouvernement
Regeringen

Citoyenneté	Borgerskab
Civil	Civil
Constitution	Forfatning
Démocratie	Demokrati
Discours	Tale
Discussion	Diskussion
Droits	Rettigheder
Égalité	Lighed
État	Stat
Indépendance	Uafhængighed
Judiciaire	Retlig
Justice	Retfærdighed
Liberté	Frihed
Loi	Lov
Monument	Monument
Nation	Nation
National	National
Paisible	Fredelig
Politique	Politik
Symbole	Symbol

Herboristerie
Herbalisme

Ail	Hvidløg
Aromatique	Aromatisk
Basilic	Basilikum
Bénéfique	Gavnlig
Culinaire	Kulinarisk
Estragon	Estragon
Fenouil	Fennikel
Fleur	Blomst
Ingrédient	Ingrediens
Jardin	Have
Lavande	Lavendel
Marjolaine	Merian
Menthe	Mynte
Persil	Persille
Qualité	Kvalitet
Romarin	Rosmarin
Safran	Saffron
Saveur	Smag
Thym	Timian
Vert	Grøn

Ingénierie
Ingeniørarbejde

Angle	Vinkel
Axe	Akse
Calcul	Beregning
Construction	Konstruktion
Diagramme	Diagram
Diamètre	Diameter
Diesel	Diesel
Distribution	Distribution
Engrenages	Gear
Énergie	Energi
Force	Styrke
Liquide	Væske
Machine	Maskine
Mesure	Måling
Moteur	Motor
Profondeur	Dybde
Propulsion	Fremdrift
Rotation	Rotation
Stabilité	Stabilitet
Structure	Struktur

Instruments de Musique
Musikinstrumenter

Banjo	Banjo
Basson	Fagot
Clarinette	Klarinet
Flûte	Fløjte
Gong	Gong
Guitare	Guitar
Harmonica	Harmonika
Harpe	Harpe
Hautbois	Obo
Mandoline	Mandolin
Marimba	Marimba
Percussion	Perkussion
Piano	Klaver
Saxophone	Saxofon
Tambour	Tromme
Tambourin	Tamburin
Trombone	Basun
Trompette	Trompet
Violon	Violin
Violoncelle	Cello

Jardin
Have

Arbre	Træ
Banc	Bænk
Buisson	Busk
Clôture	Hegn
Étang	Dam
Fleur	Blomst
Garage	Garage
Hamac	Hængekøje
Herbe	Græs
Jardin	Have
Mauvaises Herbes	Ukrudt
Pelle	Skovl
Pelouse	Græsplæne
Râteau	Rive
Sol	Jord
Terrasse	Terrasse
Trampoline	Trampolin
Tuyau	Slange
Verger	Frugthave
Vigne	Vinstok

Jardinage
Havearbejde

Botanique	Botanisk
Bouquet	Buket
Climat	Klima
Comestible	Spiselig
Compost	Kompost
Eau	Vand
Espèce	Art
Exotique	Eksotisk
Feuillage	Løv
Feuille	Blad
Fleur	Blomst
Floral	Blomster
Graines	Frø
Humidité	Fugt
Récipient	Beholder
Saisonnier	Sæsonbestemt
Saleté	Smuds
Sol	Jord
Tuyau	Slange
Verger	Frugthave

Jazz
Jazz

Album	Album
Artiste	Kunstner
Célèbre	Berømt
Chanson	Sang
Compositeur	Komponist
Composition	Sammensætning
Concert	Koncert
Favoris	Favoriter
Genre	Genre
Improvisation	Improvisation
Musique	Musik
Nouveau	Ny
Orchestre	Orkester
Rythme	Rytme
Solo	Solo
Style	Stil
Talent	Talent
Tambours	Trommer
Technique	Teknik
Vieux	Gammel

Jours et Mois
Dage og Måneder

Août	August
Avril	April
Calendrier	Kalender
Dimanche	Søndag
Février	Februar
Janvier	Januar
Jeudi	Torsdag
Juillet	Juli
Juin	Juni
Lundi	Mandag
Mardi	Tirsdag
Mars	Marts
Mercredi	Onsdag
Mois	Måned
Novembre	November
Octobre	Oktober
Samedi	Lørdag
Semaine	Uge
Septembre	September
Vendredi	Fredag

L'Entreprise
Virksomheden

Affaires	Forretning
Créatif	Kreativ
Décision	Beslutning
Emploi	Beskæftigelse
Global	Global
Industrie	Industri
Innovant	Innovativ
Investissement	Investering
Possibilité	Mulighed
Présentation	Præsentation
Produit	Produkt
Professionnel	Professionel
Progrès	Fremskridt
Qualité	Kvalitet
Ressources	Ressourcer
Revenu	Indtægt
Réputation	Ry
Risques	Risici
Tendances	Tendenser
Unités	Enheder

Les Abeilles
Bier

Ailes	Vinger
Bénéfique	Gavnlig
Cire	Voks
Diversité	Mangfoldighed
Essaim	Sværm
Écosystème	Økosystem
Fleur	Blomst
Fleurs	Blomster
Fruit	Frugt
Fumée	Røg
Habitat	Habitat
Insecte	Insekt
Jardin	Have
Miel	Honning
Nourriture	Mad
Plantes	Planter
Pollen	Pollen
Reine	Dronning
Ruche	Hive
Soleil	Sol

Les Médias
Medierne

Attitudes	Holdninger
Commercial	Kommerciel
Communication	Kommunikation
En Ligne	Online
Édition	Udgave
Éducation	Uddannelse
Faits	Fakta
Financement	Finansiering
Individuel	Individuel
Industrie	Industri
Intellectuel	Intellektuel
Journaux	Aviser
Local	Lokal
Numérique	Digital
Opinion	Mening
Photos	Billeder
Public	Offentlig
Radio	Radio
Réseau	Netværk
Télévision	Television

Légumes
Grøntsager

Ail	Hvidløg
Artichaut	Artiskok
Aubergine	Aubergine
Brocoli	Broccoli
Carotte	Gulerod
Céleri	Selleri
Champignon	Svamp
Citrouille	Græskar
Concombre	Agurk
Échalote	Skalotteløg
Épinard	Spinat
Gingembre	Ingefær
Navet	Majroe
Oignon	Løg
Olive	Oliven
Persil	Persille
Pois	Ært
Radis	Radise
Salade	Salat
Tomate	Tomat

Littérature
Litteratur

Analogie	Analogi
Analyse	Analyse
Anecdote	Anekdote
Auteur	Forfatter
Biographie	Biografi
Comparaison	Sammenligning
Conclusion	Konklusion
Description	Beskrivelse
Dialogue	Dialog
Fiction	Fiktion
Métaphore	Metafor
Narrateur	Fortæller
Poème	Digt
Poétique	Poetisk
Rime	Rim
Roman	Roman
Rythme	Rytme
Style	Stil
Thème	Tema
Tragédie	Tragedie

Livres
Bøger

Auteur	Forfatter
Aventure	Eventyr
Collection	Samling
Contexte	Kontekst
Dualité	Dualitet
Épique	Episk
Histoire	Historie
Historique	Historisk
Humoristique	Humoristisk
Inventif	Opfindsom
Lecteur	Læser
Littéraire	Litterær
Narrateur	Fortæller
Page	Side
Pertinent	Relevant
Poème	Digt
Poésie	Poesi
Roman	Roman
Série	Serie
Tragique	Tragisk

Maison
Hus

Balai	Kost
Bibliothèque	Bibliotek
Chambre	Værelse
Cheminée	Pejs
Clés	Nøgler
Clôture	Hegn
Cuisine	Køkken
Douche	Bruser
Fenêtre	Vindue
Garage	Garage
Grenier	Loftsrum
Jardin	Have
Lampe	Lampe
Miroir	Spejl
Mur	Væg
Plafond	Loft
Porte	Dør
Rideaux	Gardiner
Tapis	Tæppe
Toit	Tag

Maladie
Sygdom

Abdominal	Abdominal
Allergies	Allergier
Bien-Être	Wellness
Chronique	Kronisk
Contagieux	Smitsom
Corps	Legeme
Cœur	Hjerte
Faible	Svag
Génétique	Genetisk
Héréditaire	Arvelig
Immunité	Immunitet
Inflammation	Betændelse
Lombaire	Lumbal
Neuropathie	Neuropati
Os	Knogler
Pulmonaire	Pulmonal
Respiratoire	Luftveje
Santé	Sundhed
Syndrome	Syndrom
Thérapie	Terapi

Mammifères
Pattedyr

Baleine	Hval
Chat	Kat
Cheval	Hest
Chien	Hund
Coyote	Prærieulv
Dauphin	Delfin
Éléphant	Elefant
Girafe	Giraf
Gorille	Gorilla
Kangourou	Kænguru
Lapin	Kanin
Lion	Løve
Loup	Ulv
Mouton	Får
Ours	Bære
Renard	Ræv
Singe	Abe
Taureau	Tyr
Tigre	Tiger
Zèbre	Zebra

Mathématiques
Matematik

Angles	Vinkler
Arithmétique	Aritmetik
Carré	Firkant
Circonférence	Omkreds
Décimal	Decimal
Diamètre	Diameter
Division	Division
Exposant	Eksponent
Équation	Ligning
Fraction	Brøk
Géométrie	Geometri
Parallèle	Parallel
Parallélogramme	Parallelogram
Polygone	Polygon
Rayon	Radius
Rectangle	Rektangel
Somme	Sum
Sphère	Sfære
Symétrie	Symmetri
Triangle	Trekant

Mesures
Målinger

Centimètre	Centimeter
Degré	Grad
Décimal	Decimal
Gramme	Gram
Hauteur	Højde
Kilogramme	Kilogram
Kilomètre	Kilometer
Largeur	Bredde
Litre	Liter
Longueur	Længde
Masse	Masse
Mètre	Meter
Minute	Minut
Octet	Byte
Once	Ounce
Pinte	Pint
Poids	Vægt
Pouce	Tomme
Profondeur	Dybde
Tonne	Ton

Méditation
Meditation

Acceptation	Accept
Attention	Opmærksomhed
Calme	Rolig
Clarté	Klarhed
Compassion	Medfølelse
Esprit	Sind
Émotions	Følelser
Éveillé	Vågen
Gentillesse	Venlighed
Habitudes	Vaner
Mental	Mental
Mouvement	Bevægelse
Musique	Musik
Nature	Natur
Observation	Observation
Paix	Fred
Pensées	Tanker
Perspective	Perspektiv
Respiration	Vejrtrækning
Silence	Stilhed

Météo
Vejret

Arc-En-Ciel	Regnbue
Atmosphère	Atmosfære
Brise	Brise
Brouillard	Tåge
Calme	Rolig
Ciel	Himmel
Climat	Klima
Glace	Is
Mousson	Monsun
Nuage	Sky
Ouragan	Orkan
Polaire	Polar
Sec	Tør
Sécheresse	Tørke
Température	Temperatur
Tempête	Storm
Tonnerre	Torden
Tornade	Tornado
Tropical	Tropisk
Vent	Vind

Mode
Mode

Abordable	Overkommelig
Boutique	Boutique
Boutons	Knapper
Broderie	Broderi
Cher	Dyrt
Dentelle	Blond
Élégant	Elegant
Minimaliste	Minimalistisk
Moderne	Moderne
Modeste	Beskeden
Modèle	Mønster
Original	Original
Pratique	Praktisk
Simple	Simpel
Sophistiqué	Sofistikeret
Style	Stil
Tendance	Trend
Texture	Tekstur
Tissu	Stof
Vêtements	Tøj

Musique
Musik

Album	Album
Ballade	Ballade
Chanter	Synge
Chanteur	Sanger
Classique	Klassisk
Enregistrement	Indspilning
Harmonie	Harmoni
Harmonique	Harmonisk
Instrument	Instrument
Lyrique	Lyrisk
Mélodie	Melodi
Microphone	Mikrofon
Musical	Musikalsk
Musicien	Musiker
Opéra	Opera
Poétique	Poetisk
Rythme	Rytme
Rythmique	Rytmisk
Tempo	Tempo
Vocal	Vokal

Mythologie
Mytologi

Archétype	Arketype
Catastrophe	Katastrofe
Comportement	Adfærd
Création	Skabelse
Créature	Væsen
Croyances	Tro
Culture	Kultur
Éclair	Lyn
Force	Styrke
Guerrier	Kriger
Héros	Helt
Immortalité	Udødelighed
Jalousie	Jalousi
Labyrinthe	Labyrint
Légende	Sagn
Magique	Magisk
Monstre	Uhyre
Mortel	Dødelig
Tonnerre	Torden
Vengeance	Hævn

Nombres
Tal

Cinq	Fem
Deux	To
Décimal	Decimal
Dix	Ti
Dix-Huit	Atten
Dix-Neuf	Nitten
Dix-Sept	Sytten
Douze	Tolv
Huit	Otte
Neuf	Ni
Quatorze	Fjorten
Quatre	Fire
Quinze	Femten
Seize	Seksten
Sept	Syv
Six	Seks
Treize	Tretten
Trois	Tre
Vingt	Tyve
Zéro	Nul

Nourriture #1
Mad #1

Ail	Hvidløg
Basilic	Basilikum
Café	Kaffe
Cannelle	Kanel
Carotte	Gulerod
Citron	Citron
Épinard	Spinat
Fraise	Jordbær
Jus	Saft
Lait	Mælk
Navet	Majroe
Oignon	Løg
Orge	Byg
Poire	Pære
Salade	Salat
Sel	Salt
Soupe	Suppe
Sucre	Sukker
Thon	Tun
Viande	Kød

Nourriture #2
Mad #2

Amande	Mandel
Aubergine	Aubergine
Banane	Banan
Blé	Hvede
Brocoli	Broccoli
Cerise	Kirsebær
Céleri	Selleri
Champignon	Svamp
Chocolat	Chokolade
Jambon	Skinke
Kiwi	Kiwi
Mangue	Mango
Oeuf	Æg
Pain	Brød
Poisson	Fisk
Pomme	Æble
Poulet	Kylling
Raisin	Drue
Riz	Ris
Tomate	Tomat

Nutrition
Ernæring

Amer	Bitter
Appétit	Appetit
Calories	Kalorier
Comestible	Spiselig
Diète	Kost
Digestion	Fordøjelse
Épices	Krydderier
Équilibré	Afbalanceret
Fermentation	Gæring
Glucides	Kulhydrater
Liquides	Væsker
Poids	Vægt
Protéines	Proteiner
Qualité	Kvalitet
Sain	Sund
Santé	Sundhed
Sauce	Sauce
Saveur	Smag
Toxine	Toksin
Vitamine	Vitamin

Océan
Ocean

Algue	Tang
Anguille	Ål
Baleine	Hval
Bateau	Båd
Corail	Koral
Crabe	Krabbe
Crevette	Reje
Dauphin	Delfin
Éponge	Svamp
Huître	Østers
Méduse	Vandmand
Poisson	Fisk
Poulpe	Blæksprutte
Requin	Haj
Récif	Rev
Sel	Salt
Tempête	Storm
Thon	Tun
Tortue	Skildpadde
Vagues	Bølger

Oiseaux
Fugle

Aigle	Ørn
Autruche	Struds
Canard	And
Cigogne	Stork
Colombe	Due
Corbeau	Krage
Coucou	Gøg
Cygne	Svane
Flamant	Flamingo
Héron	Hejre
Manchot	Pingvin
Moineau	Spurv
Mouette	Måge
Oeuf	Æg
Oie	Gås
Paon	Påfugl
Perroquet	Papegøje
Pélican	Pelikan
Poulet	Kylling
Toucan	Toucan

Pays #1
Lande #1

Afghanistan	Afghanistan
Allemagne	Tyskland
Argentine	Argentina
Brésil	Brasilien
Canada	Canada
Espagne	Spanien
Équateur	Ecuador
Finlande	Finland
Inde	Indien
Israël	Israel
Libye	Libyen
Mali	Mali
Maroc	Marokko
Nicaragua	Nicaragua
Norvège	Norge
Panama	Panama
Philippines	Filippinerne
Pologne	Polen
Roumanie	Rumænien
Venezuela	Venezuela

Pays #2
Lande #2

Albanie	Albanien
Chine	Kina
Danemark	Danmark
France	Frankrig
Haïti	Haiti
Indonésie	Indonesien
Irlande	Irland
Jamaïque	Jamaica
Japon	Japan
Kenya	Kenya
Laos	Laos
Liban	Libanon
Mexique	Mexico
Ouganda	Uganda
Pakistan	Pakistan
Russie	Rusland
Somalie	Somalia
Soudan	Sudan
Syrie	Syrien
Ukraine	Ukraine

Paysages
Landskaber

Cascade	Vandfald
Colline	Bakke
Désert	Ørken
Estuaire	Flodmunding
Fleuve	Flod
Geyser	Gejser
Glacier	Gletsjer
Grotte	Hule
Iceberg	Isbjerg
Île	Ø
Lac	Sø
Marais	Sump
Mer	Hav
Montagne	Bjerg
Oasis	Oase
Péninsule	Halvø
Plage	Strand
Toundra	Tundra
Vallée	Dal
Volcan	Vulkan

Photographie
Fotografi

Adoucir	Blødgøre
Cadre	Ramme
Caméra	Kamera
Composition	Sammensætning
Contraste	Kontrast
Couleur	Farve
Définition	Definition
Exposition	Udstilling
Éclairage	Belysning
Format	Format
Noir	Sort
Objet	Objekt
Obscurité	Mørke
Ombre	Skygger
Perspective	Perspektiv
Portrait	Portræt
Sujet	Emne
Texture	Tekstur
Visuel	Visuel
Vue	Udsigt

Physique
Fysik

Accélération	Acceleration
Atome	Atom
Chaos	Kaos
Chimique	Kemisk
Densité	Tæthed
Expansion	Udvidelse
Électron	Elektron
Formule	Formel
Fréquence	Frekvens
Gaz	Gas
Gravité	Tyngdekraft
Magnétisme	Magnetisme
Masse	Masse
Mécanique	Mekanik
Molécule	Molekyle
Moteur	Motor
Nucléaire	A
Particule	Partikel
Universel	Universel
Vitesse	Hastighed

Plantes
Planter

Arbre	Træ
Baie	Bær
Bambou	Bambus
Botanique	Botanik
Buisson	Busk
Cactus	Kaktus
Engrais	Gødning
Feuillage	Løv
Fleur	Blomst
Flore	Flora
Forêt	Skov
Grandir	Vokse
Haricot	Bønne
Herbe	Græs
Jardin	Have
Lierre	Vedbend
Mousse	Mos
Pétale	Kronblad
Racine	Rod
Végétation	Vegetation

Professions #1
Erhverv #1

Ambassadeur	Ambassadør
Artiste	Kunstner
Astronome	Astronom
Avocat	Advokat
Banquier	Bankmand
Bijoutier	Guldsmed
Cartographe	Kartograf
Chasseur	Jæger
Danseur	Danser
Entraîneur	Træner
Éditeur	Redaktør
Géologue	Geolog
Infirmière	Sygeplejerske
Médecin	Læge
Musicien	Musiker
Pianiste	Pianist
Plombier	Blikkenslager
Pompier	Brandmand
Psychologue	Psykolog
Vétérinaire	Dyrlæge

Professions #2
Erhverv #2

Astronaute	Astronaut
Bibliothécaire	Bibliotekar
Biologiste	Biolog
Chercheur	Forsker
Chirurgien	Kirurg
Dentiste	Tandlæge
Détective	Detektiv
Enseignant	Lærer
Illustrateur	Illustrator
Ingénieur	Ingeniør
Inventeur	Opfinder
Jardinier	Gartner
Journaliste	Journalist
Linguiste	Lingvist
Médecin	Læge
Peintre	Maler
Philosophe	Filosof
Photographe	Fotograf
Pilote	Pilot
Zoologiste	Zoolog

Psychologie
Psykologi

Clinique	Klinisk
Comportement	Adfærd
Conflit	Konflikt
Ego	Ego
Enfance	Barndom
Expériences	Erfaringer
Émotions	Følelser
Évaluation	Vurdering
Idées	Ideer
Inconscient	Bevidstløs
Pensées	Tanker
Perception	Opfattelse
Personnalité	Personlighed
Problème	Problem
Rendez-Vous	Aftale
Réalité	Virkelighed
Rêves	Drømme
Sensation	Sensation
Subconscient	Underbevidst
Thérapie	Terapi

Randonnée
Vandreture

Animaux	Dyr
Bottes	Støvler
Camping	Camping
Carte	Kort
Climat	Klima
Dangers	Farer
Eau	Vand
Falaise	Klint
Fatigué	Træt
Lourd	Tung
Météo	Vejr
Montagne	Bjerg
Nature	Natur
Orientation	Orientering
Parcs	Parker
Pierres	Sten
Préparation	Forberedelse
Sauvage	Vild
Soleil	Sol
Sommet	Topmøde

Restaurant #2
Restaurant #2

Boisson	Drik
Chaise	Stol
Cuillère	Ske
Déjeuner	Frokost
Délicieux	Lækker
Dîner	Middag
Eau	Vand
Épices	Krydderier
Fourchette	Gaffel
Fruit	Frugt
Gâteau	Kage
Glace	Is
Légumes	Grøntsager
Nouilles	Nudler
Oeuf	Æg
Poisson	Fisk
Salade	Salat
Sel	Salt
Serveur	Tjeneren
Soupe	Suppe

Réchauffement Climatique
Global Opvarmning

Arctique	Arktisk
Attention	Opmærksomhed
Changements	Ændringer
Climat	Klima
Crise	Krise
Développement	Udvikling
Données	Data
Environnemental	Miljømæssig
Énergie	Energi
Futur	Fremtid
Gaz	Gas
Générations	Generationer
Gouvernement	Regering
Habitats	Levesteder
Industrie	Industri
International	International
Législation	Lovgivning
Maintenant	Nu
Populations	Befolkninger
Températures	Temperaturer

Santé et Bien-Être #1
Sundhed og Velvære #1

Actif	Aktiv
Bactéries	Bakterie
Blessure	Skade
Clinique	Klinik
Faim	Sult
Fracture	Fraktur
Habitude	Vane
Hauteur	Højde
Hormone	Hormoner
Médecin	Læge
Médicament	Medicin
Muscles	Muskler
Os	Knogler
Peau	Hud
Pharmacie	Apotek
Relaxation	Afslapning
Réflexe	Refleks
Thérapie	Terapi
Traitement	Behandling
Virus	Virus

Santé et Bien-Être #2
Sundhed og Velvære #2

Allergie	Allergi
Anatomie	Anatomi
Appétit	Appetit
Calorie	Kalorie
Corps	Legeme
Déshydratation	Dehydrering
Énergie	Energi
Génétique	Genetik
Hôpital	Hospital
Hygiène	Hygiejne
Infection	Infektion
Maladie	Sygdom
Massage	Massage
Nutrition	Ernæring
Poids	Vægt
Récupération	Genopretning
Sain	Sund
Sang	Blod
Stress	Stress
Vitamine	Vitamin

Science
Videnskab

Atome	Atom
Chimique	Kemisk
Climat	Klima
Données	Data
Expérience	Eksperiment
Évolution	Udvikling
Fait	Faktum
Fossile	Fossil
Gravité	Tyngdekraft
Hypothèse	Hypotese
Laboratoire	Laboratorium
Méthode	Metode
Minéraux	Mineraler
Molécules	Molekyler
Nature	Natur
Observation	Observation
Organisme	Organisme
Particules	Partikler
Physique	Fysik
Plantes	Planter

Science-Fiction
Science Fiction

Atomique	Atomar
Cinéma	Biograf
Explosion	Eksplosion
Extrême	Ekstrem
Fantastique	Fantastisk
Feu	Brand
Futuriste	Futuristisk
Galaxie	Galakse
Illusion	Illusion
Imaginaire	Imaginær
Livres	Bøger
Monde	Verden
Mystérieux	Mystisk
Oracle	Oracle
Planète	Planet
Réaliste	Realistisk
Robots	Robotter
Scénario	Scenarie
Technologie	Teknologi
Utopie	Utopi

Temps
Tid

Année	År
Annuel	Årlig
Après	Efter
Avant	Før
Bientôt	Snart
Calendrier	Kalender
Décennie	Årti
Futur	Fremtid
Heure	Time
Hier	I Går
Horloge	Ur
Jour	Dag
Maintenant	Nu
Matin	Morgen
Midi	Middag
Minute	Minut
Mois	Måned
Nuit	Nat
Semaine	Uge
Siècle	Århundrede

Types de Cheveux
Hår Typer

Argent	Sølv
Blanc	Hvid
Blond	Blond
Boucles	Krøller
Brillant	Skinnende
Chauve	Skaldet
Coloré	Farvet
Court	Kort
Doux	Blød
Épais	Tyk
Frisé	Krøllet
Gris	Grå
Long	Lang
Marron	Brun
Mince	Tynd
Noir	Sort
Ondulé	Bølget
Sain	Sund
Sec	Tør
Tressé	Flettet

Univers
Univers

Astéroïde	Asteroide
Astronome	Astronom
Astronomie	Astronomi
Atmosphère	Atmosfære
Ciel	Himmel
Cosmique	Kosmisk
Équateur	Ækvator
Galaxie	Galakse
Hémisphère	Halvkugle
Horizon	Horisont
Latitude	Breddegrad
Longitude	Længde
Lune	Måne
Obscurité	Mørke
Orbite	Kredsløb
Solaire	Sol
Solstice	Solhverv
Télescope	Teleskop
Visible	Synlig
Zodiaque	Zodiac

Vacances #2
Ferie #2

Aéroport	Lufthavn
Camping	Camping
Carte	Kort
Destination	Destination
Étranger	Udlænding
Hôtel	Hotel
Île	Ø
Loisir	Fritid
Mer	Hav
Passeport	Pas
Photos	Billeder
Plage	Strand
Restaurant	Restaurant
Taxi	Taxa
Tente	Telt
Train	Tog
Transport	Transport
Vacances	Ferie
Visa	Visum
Voyage	Rejse

Vertus #1
Dyder #1

Artistique	Kunstnerisk
Bon	Godt
Charmant	Charmerende
Confiant	Sikker
Curieux	Nysgerrig
Décisif	Afgørende
Drôle	Sjov
Efficace	Effektiv
Fiable	Pålidelig
Généreux	Generøs
Imaginatif	Fantasifulde
Indépendant	Uafhængig
Intelligent	Intelligent
Modeste	Beskeden
Passionné	Lidenskabelig
Patient	Patient
Pratique	Praktisk
Propre	Ren
Sage	Klog
Utile	Nyttig

Véhicules
Køretøjer

Ambulance	Ambulance
Avion	Fly
Bateau	Båd
Bus	Bus
Camion	Lastbil
Caravane	Campingvogn
Ferry	Færge
Fusée	Raket
Hélicoptère	Helikopter
Moteur	Motor
Navette	Shuttle
Pneus	Dæk
Radeau	Tømmerflåde
Scooter	Scooter
Sous-Marin	Ubåd
Taxi	Taxa
Tracteur	Traktor
Train	Tog
Vélo	Cykel
Voiture	Bil

Vêtements
Tøj

Bracelet	Armbånd
Ceinture	Bælte
Chapeau	Hat
Chaussure	Sko
Chemise	Skjorte
Chemisier	Bluse
Collier	Halskæde
Foulard	Tørklæde
Gants	Handsker
Jeans	Jeans
Jupe	Nederdel
Manteau	Frakke
Mode	Mode
Pantalon	Bukser
Pull	Sweater
Pyjama	Pyjamas
Robe	Kjole
Sandales	Sandaler
Tablier	Forklæde
Veste	Jakke

Ville
By

Aéroport	Lufthavn
Banque	Bank
Bibliothèque	Bibliotek
Boulangerie	Bageri
Cinéma	Biograf
Clinique	Klinik
École	Skole
Galerie	Galleri
Hôtel	Hotel
Librairie	Boghandel
Marché	Marked
Musée	Museum
Pharmacie	Apotek
Restaurant	Restaurant
Salon	Salon
Stade	Stadion
Supermarché	Supermarked
Théâtre	Teater
Université	Universitet
Zoo	Zoo

Félicitations

Vous avez réussi !

Nous espérons que vous avez apprécié ce livre autant que nous avons pris plaisir à le concevoir. Nous faisons de notre mieux pour créer des livres de la meilleure qualité possible.
Cette édition est conçue pour permettre un apprentissage intelligent et de qualité en se divertissant !

Vous avez aimé ce livre ?

Une Simple Demande

Nos livres existent grâce aux avis que vous publiez. Pourriez-vous nous aider en laissant un avis maintenant ?

Voici un lien rapide qui vous mènera à votre page d'évaluation de vos commandes :

BestBooksActivity.com/Avis50

CHALLENGE FINAL !

Défi n°1

Êtes-vous prêt pour votre jeu bonus ? Nous les utilisons tout le temps mais ils ne sont pas si faciles à trouver. Voici les **Synonymes** !

Notez 5 mots que vous avez trouvés dans les puzzles notés ci-dessous (n°21, n°36, n°76) et essayez de trouver 2 synonymes pour chaque mot.

Notez 5 Mots du ***Puzzle 21***

Mots	Synonyme 1	Synonyme 2

Notez 5 Mots du ***Puzzle 36***

Mots	Synonyme 1	Synonyme 2

Notez 5 Mots du ***Puzzle 76***

Mots	Synonyme 1	Synonyme 2

Défi n°2

Maintenant que vous vous êtes échauffé, notez 5 mots que vous avez découverts dans les Puzzles n° 9, n° 17, n° 25 et essayez de trouver 2 antonymes pour chaque mot. Combien pouvez-vous en trouver en 20 minutes ?

Notez 5 Mots du ***Puzzle 9***

Mots	Antonyme 1	Antonyme 2

Notez 5 Mots du ***Puzzle 17***

Mots	Antonyme 1	Antonyme 2

Notez 5 Mots du ***Puzzle 25***

Mots	Antonyme 1	Antonyme 2

Défi n°3

Formidable ! Ce défi final  n'est rien pour vous.

Prêt pour le dernier défi ? Choisissez 10 mots que vous avez découverts parmi les différents puzzles et notez-les ci-dessous.

1.	6.
2.	7.
3.	8.
4.	9.
5.	10.

Maintenant, composez un texte en pensant à une personne, un animal ou un lieu que vous aimez !

Astuce: Vous pouvez utiliser la dernière page de ce livre comme brouillon !

Votre Composition :

CARNET DE NOTES :

À TRÈS BIENTÔT !

Toute l'équipe

www.ingramcontent.com/pod-product-compliance
Lightning Source LLC
Chambersburg PA
CBHW082204120626
46553CB00010B/3008
* 9 7 9 8 8 9 6 7 0 6 8 7 8 *